DOCUMENTS PUBLICS

POUR SERVIR A L'HISTOIRE DU SIÉGE DE PARIS

PROCÈS TROCHU

PARIS
IMPRIMERIE BALITOUT, QUESTROY ET Ce
rue Baillif, 7.

DOCUMENTS PUBLICS

POUR SERVIR A L'HISTOIRE DU SIÉGE DE PARIS

PROCÈS TROCHU

PLAINTE EN DIFFAMATION ET OUTRAGES

ENVERS UN DÉPOSITAIRE DE L'AUTORITÉ PUBLIQUE

DÉBATS DEVANT LA COUR D'ASSISES DE LA SEINE

Audiences des 27, 28, 29, 30 Mars, 1er et 2 Avril 1872.

COMPTE RENDU COMPLET DU JOURNAL *LE DROIT*

« Les comptes rendus de nos journaux judiciaires sont connus dans l'Europe entière pour leur impartialité et leur exactitude. »

DUFAURE.

(Assemblée nationale de Versailles, séance du 9 mars 1872.)

PARIS

LIBRAIRIE CENTRALE

9, RUE DES BEAUX-ARTS, 9

1872

DOCUMENTS PUBLICS
POUR SERVIR A L'HISTOIRE DU SIÉGE DE PARIS

PROCÈS TROCHU

COUR D'ASSISES DE LA SEINE

PRÉSIDENCE DE M. LEGENDRE

PLAINTE EN DIFFAMATION ET OUTRAGES ENVERS UN DÉPOSITAIRE DE L'AUTORITÉ PUBLIQUE. — LE GÉNÉRAL TROCHU CONTRE M. DE VILLEMESSANT ET M. AUGUSTE VITU.

Audience du 27 mars.

Les articles du *Figaro*, signés *Minos*, parus les 23 et 27 janvier dernier, s'ils n'étaient point passés inaperçus, avaient du moins assez peu frappé l'attention publique. On en avait tant dit, on en avait tant écrit sur le compte du général Trochu, qu'ils n'avaient guère le mérite de la nouveauté ; tout semblait épuisé là-dessus ; mais naturellement lorsqu'on apprit que l'ancien gouverneur de Paris avait porté une plainte en diffamation contre M. de Villemessant et contre M. Vitu, leur auteur, on a voulu les relire, et l'annonce de ce procès à causé une émotion légitime, car on comprit l'importance du débat qui allait s'engager devant la Cour d'assises.

Chacun a deviné que de la discussion au grand jour, devant le jury, sortiraient sans doute des détails imprévus, des révélations de faits ignorés encore.

Ce sont les comptes du 4 septembre; ce sont les hommes du 4 septembre qui sont en jeu !

Le général Trochu, en appelant devant le jury ceux

qu'il accuse de diffamation, et auxquels est permise la preuve de la vérité des faits par eux publiés, sera obligé de mettre à jour sa conduite depuis le moment où la révolution l'a pris pour le placer à la tête du gouvernement de la défense nationale.

C'est un grand procès politique que le jury est appelé à juger, un procès qui peut être orageux, car il attisera bien des passions.

L'empire voudra sans doute reprocher sa ruine à celui que Paris, plein d'espérance alors, acclamait comme son sauveur et portait au premier rang des membres du gouvernement de l'Hôtel-de-Ville. Il voudra sans doute établir que le général Trochu avait juré de se faire tuer sur les marches des Tuileries pour défendre l'Impératrice régente et la dynastie impériale.

Les amis du plaignant lui avaient conseillé, dit-on, de garder un dédaigneux silence. Que pouvait lui faire une attaque nouvelle, après toutes les attaques auxquelles il a été en butte?

Mais le général Trochu a pensé que toutes les récriminations, tous les regrets des partisans du régime déchu ne pouvaient aller jusqu'à l'atteindre dans son honneur, et, opposant témoin à témoin, il faudra qu'il se justifie devant le pays; il tiendra à prouver que l'empire était mort et s'était suicidé, et qu'on ne peut l'accuser d'avoir trahi et d'avoir renversé ce que personne n'eût pu défendre et maintenir. Que le 4 septembre, après tant de désastres, était inévitable et qu'il s'est fait lui-même.

Que sortira-t-il de ce procès, nul ne peut le prévoir. Mais il réveille dans les cœurs de bien grandes tristesses ; il nous ramène à des jours bien douloureux, à l'époque de nos affreux désastres, et dans lesquels chacun cherche à amoindrir sa part de responsabilité.

Dès neuf heures, une foule considérable envahit les abords de la Cour d'assises, mais les ordres les plus sévères ont été donnés de ne laisser passer que les témoins et le petit nombre de personnes assez heureuses pour trouver une place dans l'auditoire ; les places y sont bien peu nombreuses, en effet, et chacun regrette l'ancienne salle des assises qui pouvait contenir tant de monde. On la regrette surtout au point de vue de l'acoustique, car dans celle-ci bien peu de personnes, sauf celles placées aux premiers rangs, ont pu entendre les dépositions des témoins.

Une trentaine de places (les bancs des accusés) sont bien vite envahis par les membres du barreau auxquels ils ont été réservés.

La presse a été favorisée par M. le président des assises, qui, pour elle, a largement fait les choses. Indépendamment des journaux judiciaires, les journaux politiques ont tous pu trouver une place pour leur représentant.

Deux sténographes spéciaux recueillent les débats, pour M. le général Trochu.

Le Figaro a son rédacteur et son sténographe, assis au bout du banc de la défense.

Derrière les fauteuils de la Cour viennent s'asseoir un grand nombre de magistrats.

Il n'y a aucune dame dans l'auditoire.

Lorsque le général Trochu entre dans la salle, tous les regards se dirigent vers lui. Il s'assied à la place qui lui est assignée ; à plusieurs reprises il se lève et cause avec animation.

L'audience d'aujourd'hui a été assez courte ; plusieurs témoins cités par la défense, faisant partie de l'Assemblée nationale avaient demandé et obtenu l'autorisation de retourner à Versailles prendre part aux travaux législatifs. Ils ne seront entendus que demain.

Les dépositions des témoins entendus aujourd'hui ont constamment captivé l'attention de l'auditoire. Ce qui nous a frappé le plus, c'est un trait qui se retrouve dans presque toutes ces dépositions. Chacun a fait tout ce qu'il a pu pour sauver l'empire ; c'est le thème sur lequel les témoins, cités par les prévenus, s'étendent avec le plus de complaisance.

Les autres points principaux de ces dépositions sont les détails relatifs au retour à Paris du camp de Châlons du général Trochu ; au retour des mobiles de la Seine, aux rivalités entre le gouverneur de Paris et le général comte de Palikao, la méfiance manifestée contre le général Trochu par le conseil des ministres, les promesses faites par le général à l'impératrice, l'envahissement du Corps législatif et le départ des Tuileries de l'impératrice régente, le 4 septembre vers quatre heures du soir.

A dix heures trois quarts, l'huissier audiencier annonce la Cour.

Le silence le plus complet se rétablit immédiatement dans la salle.

M. l'avocat général MERVEILLEUX-DUVIGNAUX demande à la Cour d'adjoindre au jury deux jurés suppléants, vu la longueur présumée des débats.

La Cour fait droit à ces réquisitions et ordonne en outre qu'un troisième assesseur sera adjoint à la Cour.

La Cour se retire en chambre du Conseil pour procéder au tirage du jury.

La Cour rentre à l'audience.

Devant le bureau du greffier, à une table, prend place le général Trochu, assisté de Me ALLOU, son avocat et de Me DESROULÈDE, avoué.

Au banc de la défense sont assis derrière leurs clients, Me LACHAUD, avocat de M. de Villemessant, Mes GRANDPERRET et MATHIEU, avocats de M. Vitu.

Sur l'invitation de M. le président, M. de Villemessant donne ses noms et qualités. Il déclare se nommer Hippolyte de Villemessant, âgé de soixante-deux ans, homme de lettres, né à Rouen.

M. Vitu déclare se nommer Auguste Vitu, âgé de quarante-huit ans, homme de lettres, né à Meudon (Seine-et-Oise), demeurant à Paris, avenue de Wagram.

La Cour reçoit ensuite le serment de MM. les jurés.

Voici la liste du jury :

MM. Boutet, Agis, Arnaud, Rigolot, Amiel, Bruzelin, Mouillon, Krantz, Cailleux, Le Testu, Guerlain, Brossonneau.

Jurés supplémentaires :

MM. Tassard et Regnard.

M. le greffier Blondeau donne ensuite lecture de l'arrêt de renvoi qui est ainsi conçu :

Le sieur Delaunay de Villemessant a publié dans le journal *le Figaro*, dont il est le propriétaire-gérant, dans les numéros portant les dates des 23 et 27 janvier, deux articles ayant pour titres : *Les comptes du 4 septembre, Le général Trochu*, signé : Minos.

Le premier commence par ces mots : « 19 janvier 1872, anniversaire d'un jour de deuil, » et finit par ceux-ci : « A demain l'homme politique. » Le second commence par ces mots : « La Révolution est une fille bien » et finit par ceux-ci : « Je le croyais un honnête homme. »

Le général Trochu a reconnu que ces articles contenaient contre lui, à l'occasion des fonctions publiques et du commandement qu'il a exercés au cours de sa carrière militaire, des imputations diffamatoires et des outrages; il a porté une plainte, en date du 28 février 1872, contre Auguste Vitu, qui s'est reconnu l'auteur des articles, et contre Delaunay de Villemessant, propriétaire-gérant du *Figaro*. Il a articulé et qualifié les faits diffatoires.

Vitu, interrogé, a déclaré n'avoir jugé le général Trochu que comme homme politique, ne pas avoir dépassé ses droits et s'est réservé de fournir la preuve des faits énoncés.

Villemessant a reconnu qu'il avait été prévenu de la publication de ces articles; qu'il savait que, depuis un mois, Vitu réunissait les pièces nécessaires pour les écrire, parce que, dit-il, il tenait à ce qu'il ne les écrivît qu'avec pièces à l'appui, en comprenant toute l'imporance.

Le 3 mars 1872, le juge d'instruction au Tribunal de la Seine a ordonné la transmission des pièces au procureur général.

La Cour, après en avoir délibéré,

Considérant que des pièces et de l'instruction résultent charges suffisantes contre :

1° Hippolyte Delaunay de Villemessant;
2° Auguste-Charles Vitu, savoir :
Contre Delaunay de Villemessant :
1° D'avoir, à Paris, en 1872, en publiant dans le journal *le Figaro*, dont il est le propriétaire-gérant, et dans les numéros portant la date des 23 et 27 janvier, lesquels ont été vendus ou distribués, mis en vente ou exposés dans des lieux publics, deux articles sous la rubrique : « *les Comptes du 4 septembre,* » et sous le titre : « *le Général Trochu.* »

Le premier article commençant par ces mots : « 19 janvier 1872! anniversaire d'un jour de deuil... » et finissant par ceux-ci : « A demain l'homme politique. » Et le second commençant par ces mots : « La Révolution est une fille bien éhontée, » et finissant par ceux-ci : « Je le croyais un honnête homme; » commis le délit de diffamation envers le général Trochu, dépositaire de l'autorité publique, pour des actes relatifs à ces fonctions, en lui imputant des faits de nature à porter atteinte à son honneur et à sa considération.

Lesquels faits résultent notamment des passages suivants des écrits susvisés :

I. — Numéro du 23 janvier « 19 janvier 1872, anniversaire d'un jour de deuil où le sang le plus pur coula dans une entreprise ténébreuse, que la conscience publique a flétri du nom d'assassinat.

« Le gouverneur de Paris ne capitulera pas, » avait dit le général Trochu dans une proclamation solennelle. Et, cependant, il savait qu'avant dix jours il aurait rendu la ville, les forts, les fusils, les canons de l'armée, payé 200 millions de contributions de guerre, et signé, avec les préliminaires de la paix l'abandon implicite de l'Alsace et de la Lorraine.

« Le gouverneur de Paris, qui avait juré de ne pas capituler, pouvait imiter ce suicide héroïque et captieux; il donna simplement sa démission et ne coucha dans le linceul que son honneur militaire. Nos pauvres morts du 19 janvier en furent pour leurs frais.

II. (Même numéro.) » Voilà donc, pensais-je, où nous en sommes! En ce pays, on peut arriver au pouvoir par l'intrigue, la trahison ou l'émeute, saisir son pays au collet comme une proie, lui extorquer sa confiance, son sang et son or; puis le rejeter pantelant, courbé dans la misère et dans la honte, et se frotter les mains, se glorifier, et monter au Capitole en jurant qu'on avait sauvé la patrie; et rire encore, comme si le châtiment n'était ni de ce monde, ni de l'autre. »

III. (Même numéro.) « ... On savait seulement qu'en 1851, aide de camp du général de Saint-Arnaud, ministre de la guerre, il avait été l'un des collaborateurs en sous ordre du coup d'Etat du 2 décembre.

« Ces attributions mirent dans les mains du lieutenant-colonel Trochu l'exécution des décisions rendues par les commissions mixtes, et les souvenirs contemporains affirment qu'il n'éntrait pas alors dans ses sentiments d'en tempérer la rigueur, — au contraire ! »

IV. (Numéro du 27 janvier.) — « Le général Trochu arriva de Paris au camp de Châlons le 16 août, en même temps que l'empereur y arrivait de Metz. La conférence solennelle du lendemain, 17 août, est trop connue pour qu'il soit besoin de la raconter ici. Il suffit de rappeler que le général Trochu y reçut de l'empereur le gouvernement de Paris, qu'il lui adressa ces paroles textuelles :

« Sire, dans la situation pleine de périls où est le pays, une révolution le précipiterait dans l'abîme; tout ce qui pourra être fait pour éviter une révolution, je le ferai, et qu'il embrassa deux fois l'empereur en protestant de sa fidélité.

» Il réclama de la régente, à défaut de l'empereur, un décret qui consacrât immédiatement sa nomination. Mais général, objecta l'impératrice, je ne suis qu'une régente constitutionnelle, et je n'ai pas le droit de donner ma signature sans qu'elle soit couverte par celle d'un ministre responsable.

Madame, repartit avec véhémence le général Trochu, les plus grands malheurs peuvent résulter de votre refus. J'ai donné l'ordre aux 12,000 mobiles de la Seine de quitter le camp de Châlons et de se diriger sur Paris par les voies rapides, ils seront ici demain. Ils n'ont confiance qu'en moi; si à leur arrivée ils ne trouvent pas placardé sur les murs le décret qui me nomme gouverneur de

Paris, ils se croiront trompés, et je ne saurais répondre des conséquences. »

Devant ces menaces peu déguisées, l'Impératrice, malgré sa fermeté d'âme, céda.

V. (Même numéro) : « Le général Trochu avertissait la révolution que 12,000 prétoriens de l'émeute, déjà signalés par les scènes scandaleuses de Châlons, étaient campés sous les murs de la capitale. Les faubourgs tressaillirent et la gauche législative comprit que l'heure allait tonner... Ce qu'il est permis d'affirmer, parce que le fait, sout immoral qu'il soit, est indéniable, c'est que des retations intimes s'étaient établies entre a gauche révolutionnaire, qui méditait le renversemeut de l'empire, et le chef militaire chargé de défendre le gouvernement dont ilavait sollicité et surpris la confiance. »

VI. (Même numéro). « Il salua, et s'étant profondément incliné devant l'Impératrice, il lui tînt ce petit discours : Madame, si votre police est bien faite, elle a dû vous dire que les députés de la gauche ont tenu chez moi plusieurs réunions ces jours-ci; que Votre Majesté n'en prenne point d'ombrage, mon dévouement pour elle est sans bornes et s'appuie sur une triple garantie. Je suis Breton, catholique et soldat..... Prévenir les soupçons par une feinte franchise, dénoncer la gauche en cas d'insuccès, se garder à pique en même temps qu'à carreau, et trahir tout le monde en se plaçant sous le saint nom de celui qui fut vendu treize deniers par Judas, tout cela en trois révérences et en quatre membres de phrase : Avouez que c'est un chef-d'œuvre. »

VII. (Même numéro). « L'impératrice fit remarquer que c'était surtout la Chambre qu'on menaçait, et qu'il était urgent de sauvegarder le lieu de ses séances plutôt que les Tuileries. Mais, ceci est à noter pour l'historien, autant le général Trochu se montrait empressé et chaleureux pour ce qui regardait l'impératrice, autant il parut peu explicite pour ce qui concernait la défense de la Chambre... Faut-il rappeler que le premier soin de l'intègre général fut de prendre à Jules Favre sa présidence pour se l'appliquer à lui-même. C'était à prendre ou à laisser. Président, le général s engageait à servir la République; non président, il devenait capable de sauver la régence.

» Mais enfin, lorsque le palais fut menacé, l'impératrice fit chercher l'homme qui s'était offert à mourir pour elle, sur son honneur de Breton, de catholique et de soldat. On vint apprendre à la régente que Trochu avait passé devant les Tuileries, mais sans y entrer, et qu'il siégeait à l'Hôtel-de-Ville, où la République était proclamée. Tout était fini : la trahison venait d'assurer le triomphe de l'émeute. »

2° D'avoir, au même lieu et à la même époque, par la publication des écrits susrelatés, lesquels ont été vendus ou distribués, mis en vente ou exposés dans des lieux publics, commis le délit d'outrage envers le général Trochu, dépositaire de l'autorité publique, à raison de ses fonctions ou de sa qualité, notamment dans les passages suivants desdits écrits :

« Le personnage que j'avais vu de près à Londres, dans le musée de cire de Mme Tussaud, entre Dumolard et Troppmann, c'était le général Trochu. »

(Numéro du 27 janvier.) « La première sentence appartient à M. le général Changarnier : « C'est Tartufe coiffé du casque de Mangin. »

(Même numéro.) « C'est le mot de M. le maréchal de Mac-Mahon devant la commission d'enquête : « Je le croyais un honnête homme. »

Contre Vitu :

De s'être, au même lieu et à la même époque, rendu complice des délits ci-dessus qualifiés, en fournissant à de Villemessant les articles dont il s'agit, pour être publiés et en l'aidant et assistant avait connaissance dans les faits qui constituent la diffamation et l'outrage envers le général Trochu.

Délits prévus par les art. 1er, 13 et 16 de la loi du 17 mai 1819, 6 de la loi du 25 mars 1822, 1er et 3 de la loi du 15 avril 1871, 59 et 60 du Code penal.

Après cette lecture, M. le président rappelle aux prévenus les délits qui leur sont reprochés et les invite à être attentifs aux charges qui vont être portées contre eux.

M. le greffier donne lecture de la liste des témoins.

Les témoins cités à la requête de M. Vitu sont :

MM. Besson-Billault, Clément Duvernois, Cossé-Brissac, Jules Brame, Henri Chevreau, comte de Palikao, Jules Richard, Giraudeau, Rouher, Schneider, Magne, Birmann, marquis d'Andelarre, Estancelin, Vuitry, Camille Doucet, comte de Meffray, Guilloutet, de Gravé, colonel Stoffel, général Pélissier.

Les témoins cités à la requête du général Trochu sont :

MM. Jules Favre, général Schmitz, colonel Montagut, Vacherot, Arnaud de l'Ariége, Cresson, Lair, Richard Brunet, général Changarnier, M. Baze, M. de Maillé, Brunet, général Mangon de la Lande, Meunier, général Jarras, général Lacroix, général de Place, amiral Fourichon, Jurien de Lagravière, maréchal de Mac-Mahon, général Berthaud, Piétri, général Waubert, Magne, Keller, Usquin, Pollet, général Lebreton, général Soumain, général de Malroy, général Chabaud-Latour.

Quelques témoins n'ont pas répondu à l'appel de leurs noms ; les défenseurs déclarent ne faire aucune opposition à ce qu'il soit passé outre aux débats.

D., à M. de Villemessant. — Vous reconnaissez avoir publié les deux articles que je vous fais représenter ? — R. Oui, monsieur le président.

D. Ces articles constitueraient le délit de diffamation envers le général Trochu, en qualité de fonctionnaire public.

Il y a d'abord une appréciation de la journée du 19 janvier et de la capitulation de Paris, puis du compte rendu de l'entrevue avec Sa Majesté l'impératrice, la rentrée des gardes mobiles à Paris, et enfin une appréciation du 4 septembre.

Quelle explication avez-vous à fournir :

R. Je pourrais facilement dégager ma responsabilité, car j'étais à Nice quand les articles ont paru : j'accepte cependant la responsabilité de cette série d'articles dont on m'avait entretenu depuis quelque temps; quelque grave que ce fût, si on avait des pièces à l'appui, j'ai dit que je serais très-aise de signer ces articles contre M. Trochu. On a mis deux ou trois mois à rassembler les pièces.

Le premier article était un peu dur pour un soldat. J'ai envoyé de Nice une dépêche à ce sujet, disant à mon secrétaire de faire savoir à **M. Vitu d'arrondir les angles.**

M. Vitu défendra ses articles; je n'ai rien à dire de ce chef. Je ne suis pas bonapartiste, puisque j'ai passé ma vie en police correctionnelle sous l'Empire. J'ai vu, dans un article du *Figaro*, qui a fait du bruit, rédigé par un prêtre, le récit vrai du départ de l'impératrice. J'y ai vu ce qu'avait fait le général Trochu envers une reine, une femme; j'en étais indigné et j'étais tout prêt à recevoir ce qui pourrait éclairer sur sa conduite. Le général Trochu était pour moi une plaisanterie, et le dégagement de Paris par lui était une chose à laquelle je ne croyais pas, Mes rédacteurs en faisaient gorge chaude; j'ai bu du lait je l'avoue; quand on a fait passer ces articles; cependant j'en accepte la responsabilité.

D., à M. Vitu. Qu'avez-vous à dire? — R. J'avais l'intention de faire connaître la vérité sur des faits historiques. en conscience et non pas pour diffamer. Si l'expression est dure, cela vient de ce que je croyais ce que j'écrivais ; l'expression a suivi la pensée. La forme de ce journal demandait, à cause de son public, une certaine vigueur. Ai-je dépassé les droits de la critique historique ? A vous d'apprécier.

M. LE PRÉSIDENT. — M. le général Trochu, veuillez vous lever et faire connaître les motifs qui vous ont déterminé à porter plainte.

Louis-Jules TROCHU, cinquante-sept ans, général de division, né à Belle-Isle-en-Mer.

Messieurs les jurés, j'ai été toute ma vie un homme de libre discussion; comme général en chef, j'appartenais à la discussion de l'opinion publique; aux attaques de toute sorte, aux railleries, aux injures, je n'ai répondu, ni fait répondre, ni laissé répondre, mais les articles du *Figaro* du 23 et du 27 janvier ne s'attaquent pas à des actes de ma vie publique, ils s'attaquaient à mon caractère et à mon honneur, j'ai donc déposé la plainte que vous avez bien voulu recueillir et j'y persiste.

Sur l'observation de Me LACHAUD, M. le président fait appeler M. le général Pelissier qui a été cité par erreur et le prévient qu'il est libre de se retirer, si bon lui semble.

On procède ensuite à l'audition des témoins cités par M. Vitu.

Charles **COUSIN DE MONTAUBAN**, comte de Palikao, soixante-seize ans, général de division, avenue de Marigny à Paris. (Sur la demande de **Me LACHAUD**.) Lorsque je fus appelé au ministère, mon premier soin fut de constituer de nouvelles armées pour dégager nos autres armées, dès que j'arrivais au ministère, je m'occupai donc de chercher des généraux pour les mettre à leur tête; un des plus méritants était le général Trochu, je m'empressai de lui proposer le commandement du 12e corps d'armée; le général Trochu vint me trouver, il accepta avec plaisir ce commandement.

Je crois que M. Jules Brame me fit quelques observations à cet égard, il me dit : « Le général Trochu est hostile à l'empire. » Je lui répondis : « C'est un homme d'honneur, » et j'ajoutai : « Si le général Mac-Mahon venait à être blessé, M. Trochu pourrait prendre sa place. M. Trochu partit; quarante-huit heures après son départ, M. Chevreau vint me trouver et m'apporta un brouillon signé par l'empereur qui nommait le général Trochu gouverneur de Paris. Je fis quelques difficultés pour contresigner cette nomination, à mes yeux, M. Trochu n'arrivait pas constitutionnellement. Le conseil des ministres n'avait pas été convoqué.

M. Chevreau insista, il me dit que l'impératrice y tenait beaucoup; je cédai et je contresignai le décret. Deux heures après, le général Schmitz vint me trouver pour me demander où devaient être placés les mobiles. Les bras me tombèrent à la nouvelle de voir arriver ces mobiles qui appartenaient pour la plupart à Belleville et à Charonne. J'en exprimai mon mécontentement. Néanmoins, ils étaient là; je voulus leur faire continuer leur route pour les places du nord. Le général Schmitz me dit : «Il est trop tard pour leur faire continuer leur route vers le nord, ils sont débarqués.

(Sur interpellation.) Mes rapports avec le général Trochu ont été carrément déclarés le 27 août au Corps législatif. Je laissai au général Trochu toute la latitude que lui conféraient les règlements : il avait l'obligation de rendre compte, de par le règlement, des événements extraordinaires, tumulte ou révolte, qui pouvaient se produire. Jamais je n'ai reçu aucun rapport de cette espèce ni du général, ni du commandant de la place.

(Sur interpellation.) M. Trochu, qui a assisté quelquefois au conseil des ministres, a deux ou trois fois occasionné des émotions.

Un journal, *le Temps*, je crois, avait reproduit une proclamation où le général parlait de l'emploi exclusif de moyens moraux pour maintenir l'ordre. M. Magne, ou M. Rouher, l'interpella, lui faisant observer que la force morale pouvait ne pas suffire, et on lui demanda ce qu'il ferait en cas de révolte. Il répondit qu'il réprimerait l'émeute. Il y eut une autre interpellation où on lui demanda s'il était hostile à l'empire, et ce qu'il ferait si on envahissait les Tuileries ou la Chambre. « Je me ferais tuer sur les marches des Tuileries ou du Corps législatif ! » a répondu le général.

Dans une proclamation aux mobiles, il leur disait qu'ils avaient le droit d'être à Paris et de défendre Paris, c'était anti disciplinaire, et je le lui reprochai en conseil, lui faisant grief de ne m'avoir pas communiqué cette proclamation, et je déclarai déposer mon portefeuille, puisqu'on ne me considérait pas comme général. Je ne le repris que lorsque le général Trochu reconnut mon autorité. Le général fit des protestations et l'incident fut clos.

Je n'ai vu qu'une fois le général Trochu, et je ne reçus de lui qu'une seule lettre personnelle et particulière, ne concernant en rien l'état militaire. Jamais je n'ai reçu le rapport prescrit par le règlement de 1852, à la rédaction duquel M. Trochu a participé en qualité de secrétaire.

Cette question est importante pour répondre plus tard.

J'ai écrit au général Soumain une lettre dans laquelle je lui dis que je lui donnerais des ordres directs. M. Trochu était toujours sorti, il était toujours dehors, je ne pouvais attendre, c'était à lui à me faire un rapport sur ce qui se passait et il ne m'a pas fait de rapport, mais avant cette lettre à M. le général Soumain, écrite le 3, je n'ai jamais donné aucun ordre en dehors du général Trochu.

N'ayant pas vu le général Trochu, le 3, j'allai chez le général Soumain; je lui demandai quels étaient les ordres. Il me dit : « Les ordres sont les mêmes. » J'avais assez à m'occuper à la Chambre; je ne pouvais moi-même, ministre de la guerre, monter à cheval et vérifier si les ordres étaient exécutés.

Le 4 septembre, j'avais été toute la journée à la Chambre; j'en suis sorti vers trois heures et demie, le dernier, peut-être. J'avais été bousculé; j'avais vu M. Picard, monté sur un tabouret, qui parlait à la foule de République. La salle des Pas-Perdus était envahie. Je défendais l'entrée de la salle, cherchant à empêcher l'envahissement de la Chambre. Un député excita le peuple contre moi; je fus bousculé. Enfin je fus dégagé par mon aide de camp, par mon gendre et par un colonel. Je pris une voiture et je me rendis immédiatement chez l'impératrice, aux Tuileries.

Par la rue de Lille, je pus arriver jusqu'au pont Royal. Au moment où j'arrivai à la porte des Tuileries, les hussards de la garde sortaient, les gardes à pied sortaient aussi. Qui avait donné les ordres de quitter les Tuileries? Je n'en sais rien. Ce que je me rappelle, c'est que la foule envahissait déjà les Tuileries, je me rappelle avoir vu sur les murs écrit à la craie : « Mort aux voleurs. » Je rentrai chez moi, il pouvait être cinq heures, je rangeais des papiers, lorsqu'on m'annonça la visite du général Trochu. A ce moment, j'avais une douleur immense à laquelle j'avais résisté tant que j'avais un devoir à remplir, je croyais avoir perdu mon fils. Rentré chez moi, les sentiments de la famille reprirent le dessus. C'est à ce moment qu'arriva le général Trochu.

Il me dit : « Mon général, je viens vous remplacer au ministère de la guerre. » Je ne lui parlai pas de ce que sa concience pouvait lui prescrire de faire, et pensant à ma douleur, je mis ma tête entre mes deux mains, le général Trochu me quitta en disant : Général! pauvre homme! pauvre homme! Je ne l'ai plus revu depuis cette époque.

Lorsque MM. Jules Favre, Gambetta et Kératry ont élevé la question de faire donner le commandement et l'armement au général Trochu, je me levai, je dis que, ministre de la guerre, j'étais responsable. Je définis la part que je lui laissais, et j'ajoutai : Quant à l'administration, il n'a pas à s'en mêler. J'ajoutai : Je le crois trop loyal pour manquer jamais à ses engagements.

Je ne savais pas, quand M. Trochu est venu pour me remplacer, qu'il avait été à l'Hôtel-de-Ville; il ne m'a pas parlé de la chute de l'empire, ni qu'il fît partie du gouvernement de l'Hôtel de-Ville.

Me LACHAUD.—Il y a eu deux séances au Corps législatif. Le 27 août, on a demandé que le gouverneur de Paris eût l'armement du blocus de Paris. Le 3 septembre, M. Jules Favre a demandé que des pouvoirs souverains fussent donnés à un général qui avait la confiance du peuple. M. de Palikao a répondu que ce général, que tout le monde connaissait, ne manquerait pas à son serment.

M. LE PRÉSIDENT. — Quelle a été votre impression à ce sujet?

LE TÉMOIN. —C'est très-délicat. Je dois des faits comme témoin ; dois-je mes impressions personnelles ?

M. LE PRÉSIDENT. — Vous êtes le meilleur appréciateur de ce que vous pouvez dire. — R. Il m'est difficile de répondre, car je puis me tromper. Il m'a paru extraordinaire, en réfléchissant depuis, d'avoir vu M. Trochu gouverneur de Paris le 4 au matin, et président du gouvernement hostile le soir.

(Sur la demande de Me MATHIEU.) Est-ce qu'un gouverneur de Paris a pu rappeler à l'activité un général en retraite? — R. Pendant que j'étais ministre, évidemment non ; mais, depuis, je ne sais ce qu'on a pu faire.

D. Il s'agit de M. Le Flô auquel M. le comte Kératry a demandé s'il voulait être ministre de la guerre? M. Le Flô répondit qu'il ne pouvait, puisque M. le général Trochu l'avait nommé commandant d'un secteur. — R. Non : les règlements s'y opposent.

D. Est-ce que M le maréchal Vaillant ne s'est pas effacé dans le comité de défense devant M. Trochu? — R. Le règlement l'avait revêtu de la présidence au comité de défense, présidé avant par M. le maréchal Vaillant. Le général Trochu, dans une lettre, prétend qu'il était toujours à cheval, etc. M. Trochu se créait des occupations, car les approvisionnements ne sont pas du ressort du général.

Il y a le comité de défense dans une place et le comité de contrôle des approvisionnements de la place, présidé par le commandant de la place et non par le gouverneur en chef.

(Sur interpellation de Me Allou.) La lettre dont il est question est-elle la lettre publiée dans le livre de M. le général Palikao? — R. Le général m'a écrit une lettre pour me remercier d'une affaire en dehors du service, et fort courtoise. Quand je quittai la France, le 4 septembre, afin d'aller à la recherche du corps de mon fils, que l'on disait tué à Sedan, j'écrivis une lettre au ministre de la guerre, en lui disant que mon intention était de rentrer en France et de me retirer dans ma campagne, loin des affaires.

Me ALLOU demande à la Cour de vouloir permettre aux témoins cités à la requête du général Trochu et qui font partie de l'Assemblée nationale, de se retirer aujourd'hui.

La défense n'y faisant pas d'opposition, ces témoins sont autorisés à se retirer pour l'audience d'aujourd'hui.

M. Henri CHEVREAU, quarante-huit ans, ministre de l'intérieur avant le 4 septembre. (Sur la demande de Me Lachaud).

C'est moi qui ai reçu le premier le général Trochu à Paris, c'était dans la nuit du 17 au 18 août; j'étais dans mon cabinet avec le directeur général du ministère, quand on m'annonça le général Trochu; il était accompagné du général Schmitz. Le général me dit: « Je suis nommé gouverneur de Paris. Voici le décret de l'empereur qui place sous mes ordres toutes les forces de Paris. » J'en manifestai un très-vif étonnement; alors le général Trochu me remit une lettre que l'empereur lui avait écrite.

Je dis au général que je reconnaissais bien le décret, et que j'en ferais part le lendemain à mes collègues au conseil qui s'assemblait tous les jours; il me répondit: « Tout retard est impossible; je ne précède l'empereur que de quelques heures; les mobiles vont arriver; il ne peut être apporté aucun sursis à l'insertion du décret au *Moniteur*. » Je lui dis: « Mais un décret de l'Empereur doit être contresigné par un ministre. » J'allai immédiatement aux Tuileries prendre les ordres de l'Impératrice toujours accompagné du général Trochu et du général Schmitz.

Je fis prier l'impératrice de se lever, et, quelques minutes après, nous entrâmes dans le cabinet de Sa Majesté. Là, eut lieu une conversation très-longue. Le général Trochu parla beaucoup. Ce que je puis dire, c'est qu'il peignit la situation sous des couleurs très-sombres. Il donna à Sa Majesté les assurances de son dévouement. Sa Majesté me pria alors d'aller chez le ministre de la guerre et de lui demander son contreseing. Il y avait à cette entrevue une quatrième personne, M. l'amiral de la Gravière, ami de M. le général Trochu, qui, en parlant du général Trochu, dit à l'impératrice : « Madame, ayez toute confiance, le général Trochu est le plus honnête homme que je connaisse; ce qu'il a promis, il le tiendra. »

Je me rendis chez le ministre de la guerre, il était couché, il se leva, il fut surpris du décret de l'empereur, il me fit des observations, il me dit qu'il avait confiance dans le général Trochu, pour le placer en face de l'ennemi, qu'il était courageux devant l'ennemi, mais que pour le poste de gouverneur de Paris, ce n'était plus la même chose : c'est un poste politique. Le ministre signa, je retournai aux Tuileries, j'appris à Sa Majesté que cette affaire était réglée, et le général Schmitz porta le décret au *Moniteur*.

(Sur une nouvelle question de Me Lachaud, relative à la première proclamation du général Trochu.)

Le général nous donna lecture de la proclamation qu'il avait préparée; elle commençait ainsi : « Nommé gouverneur de Paris par l'empereur, que je précède de quelques heures... » Sur ce mot, l'impératrice dit : « Général, effacez cela. » Sa Majesté s'était décidée à rester à la tête de ses troupes et à partager leurs dangers. (Légers murmures au fond de la salle.)

Me GRANDPERRET. — Je dois rectifier une expression du témoin. Il a dit que l'empereur voulait rester à la tête de ses troupes; mais, à ce moment, l'empereur ne commandait plus l'armée.

LE TÉMOIN. — J'ai voulu dire que l'empereur voulait rester au milieu de ses soldats.

(Sur la demande de Me LACHAUD.) M. le général Trochu a été appelé au conseil plusieurs fois et il a quelquefois demandé à y revenir. Je me rappelle ce fait particulier que M. le général Trochu avait adressé un ordre du jour aux gardes mobiles ayant vivement impressionné le conseil. Il y eut un incident qui se traduisit par une lettre écrite par le général au journal *le Temps*, et qui produisit une impression fâcheuse. On lui demanda de préciser comment il exercerait les fonctions de gouverneur s'il y avait des troubles intérieurs. Il a répondu qu'il ferait énergiquement son devoir le cas échéant.

(Sur la demande de Me Mathieu). L'impératrice fut émue de la nomination du général Trochu, à laquelle on ne s'attendait pas. Sa Majesté se demanda s'il n'aurait pas été préférable que le général Trochu restât à l'armée. Elle n'avait plus de scrupule sur l'entrevue avec le général Trochu. L'impératrice n'a demandé à effacer de la proclamation que l'arrivée de l'empereur, et non pas que l'empereur avait nommé M. le général Trochu.

(Sur la demande de Me Lachaud). Le 3 septembre au soir, vers cinq heures, en sortant de l'Assemblée, j'allai aux Tuileries pressentant un grand malheur. Des dépêches non officielles m'avaient appris en quelque sorte la défaite de Sedan.

Je vis aux Tuileries M. de Vougy, directeur des lignes télégraphiques, qui me communiqua la dépêche de l'empereur, annonçant la défaite et sa captivité, pour la faire passer de suite, et moi-même, à l'impératrice. Je lus cette dépêche à Sa Majesté, qui fut atterrée. Mais elle dit qu'elle n'avait pas le droit de s'abandonner à sa douleur, et, au bout de quelques instants, elle demanda la convocation du conseil des ministres. Il se réunit de suite. On rédigea une proclamation. Je m'approchai de l'impératrice après le conseil, qui avait été fort court, et je ne pus lui dissimuler la gravité des circonstances et que j'étais certain que les hommes de désordre exploiteraient la catastrophe de Sedan en faveur de leurs désirs et de leurs passions, et qu'il fallait faire appel à tous les dévouements et compter sur le général Trochu.

L'Impératrice avait dit que tant de sang coulait sur les champs de bataille qu'elle ne voulait pas en faire couler pour elle à Paris. Je crus qu'il fallait aviser de suite M. Trochu des événements afin qu'il ne l'apprît par d'autres personnes : c'était une façon de faire appel à son dévouement, peut-être un peu contrairement à la hiérarchie qui me préoccupait peu alors. Il était sept heures, à sept heures et demie du soir. J'eus quelque peine à entrer chez le général au Louvre, à cause de l'encombrement. Dans le cabinet du général, je le vis en tenue descendant de cheval. Je m'approchai de lui et lui dit la nouvelle. Il dit qu'il prévoyait cette catastrophe : il m'avait, en effet, parlé plusieurs fois dans ce sens.

Je lui dis que l'impératrice était abattue ; j'étais moi-même ému. Je lui dis que l'impératrice, frappée comme épouse, comme mère, était accablée de douleur ; qu'il lui fallait autour d'elle tous les dévouements, et je l'engageai à aller la voir. Le général, très-fatigué alors, me promit d'y aller dans la soirée, après son dîner. Le soir, j'allai aux Tuileries ; je vis l'impératrice. Vers dix heures, on demandait si on avait vu le général Trochu : « Non, » me dit Sa Majesté.

Le conseil des ministres était convoqué, le dimanche, pour huit heures du matin. Au moment où je quittai la salle du conseil, je vis le général Trochu entrant aux Tuileries.

Je remontai chez l'impératrice, dans sa chambre à coucher, la priant de recevoir le général. Je descendis chercher le général ou bien on l'envoya chercher. Il vint de suite. Je redescendis dans la salle du conseil, laissant seuls le général et l'impératrice. Au bout de vingt minutes environ, l'impératrice descendit, mais je ne sais ce qui a été dit dans cette entrevue. Mais quelque temps après, je me penchai à l'oreille de Sa Majesté, lui disant à voix basse : « Eh bien ! » elle me fit un signe signifiant qu'elle n'avait aucune confiance dans Trochu.

Me LACHAUD. — A quelle heure l'impératrice a-t-elle quitté les Tuileries ?

LE TÉMOIN. — Il m'est absolument impossible de dire, à un quart d'heure près, à quelle heure l'impératrice a quitté les Tuileries. Elle a dû quitter les Tuileries entre trois heures et demie et quatre heures; elle avait certainement quitté les Tuileries à quatre heures.

Sur la demande de Me Mathieu, le témoin déclare que le général Trochu ne lui a pas dit qu'il connaissait le désastre de Sedan, et qu'il croyait le lui apprendre.

Le témoin ajoute, sur une question de Me Grandperret, que le général Trochu lui a dit : « Sous le commandement du général Berthauld, il n'y a rien à craindre de l'indiscipline des mobiles. »

M. MAGNE, membre de l'Assemblée nationale (sur la demande de Me Lachaud). — Dans une circonstance, au conseil des ministres, le général Trochu annonça qu'il avait adressé une allocution aux chefs de bataillon de la garde nationale; qu'il leur avait exposé les dangers de la résistance, tous les périls et toutes les émotions de la guerre; qu'il leur avait dit : « Il faut une fermeté de caractère bien grande pour renoncer à l'émotion que l'on éprouve en voyant tomber un camarade, un frère, » et que les chefs de bataillon avaient paru ressentir une très-vive émotion. A ces mots, l'impératrice se redressa, comme par un ressort, et dit : « Comment, général, vous avez dit cela? Eh bien! si les Prussiens arrivent, j'irai moi-même sur les remparts et je montrerai comment une femme sait braver le danger! »

Le général répondit à l'impératrice que ses paroles avaient été mal comprises, et qu'on pouvait compter sur les chefs de bataillons, et le général Trochu dit à l'impératrice : « Madame, je n'ai qu'une manière de prouver mon dévouement, c'est de me faire tuer pour votre salut et pour le salut de votre dynastie. »

Me ALLOU demande au témoin de dire quelle a été son impression sur l'attitude, sur la sincérité du général Trochu.

M. MAGNE. — Je dois dire que le général Trochu, aux yeux de mes collègues, inspirait une sorte de défiance. On attendait de lui une manifestation qui prouvât son dévouement. Les paroles qu'il prononça alors me rassurèrent. J'ajoute que j'avais vu M. le général Trochu chez le maréchal Bugeaud, dont il était alors aide de camp et qui l'avait en grande estime, de plus je connaissais la vie privée du général Trochu, je savais qu'il était plein de dévouement, qu'il avait à sa charge dix ou douze neveux qu'il entretenait et nourrissait.

Mais l'impression du conseil a été surtout celle-ci, c'est que le général Trochu a paru animé d'une certaine susceptibilité.

Je compris dès le premier jour que des rivalités d'attributions ne tarderaient pas à s'élever entre lui et le général Palikao. Cela a été un des malheurs de la situation. Le conseil, des ministres faisait tous ses efforts pour calmer les mouvements de mécontentement du général Trochu, on était tellement désireux de le satisfaire qu'on lui proposa d'être le président du comité des fortifications, il y avait là cependant un maréchal de France.

Le général Trochu fit quelques difficultés; le maréchal Vaillant lui dit : « Il ne s'agit pas de faire des façons, il s'agit de sauver le pays; je ne demande pas mieux que d'être présidé par vous. »

Mᵉ ALLOU. — Le témoin a-t-il entendu prononcer par le général Trochu cette phrase écrite dans l'article du *Figaro* : « Sur mon honneur de catholique, de Breton...

M. MAGNE. — Non, cette phrase n'a pas été prononcée en ma présence; j'étais. je dois le dire, obligé de ne pas assister quelquefois au conseil des ministres à cause de l'emprunt qui s'émettait à ce moment.

M. Magne demande à se retirer et obtient cette autorisation.

Avant que le témoin se retire, Mᵉ Allou lui demande s'il ne lui a pas entendu dire au conseil des ministres : « Prenez garde, vous êtes à la merci d'un grand mouvement populaire ! »

LE TÉMOIN. — Non, je n'ai pas entendu précisément cette phrase. Je sais que le général Trochu avait une opinion très-triste de la situation. Il n'était rien moins que rassurant, il était très-inquiet.

Sur la demande de Mᵉ Grandperret, M. Magne déclare qu'il n'a eu qu'à se louer des rapports qu'il avait avec M. Vitu.

M. BUSSON-BILLAULT, avocat à Paris, quarante-sept ans. — M. le général Trochu est venu plusieurs fois entretenir le conseil des ministres de différents objets. Le jour de sa nomination il est venu nous entretenir de plusieurs affaires et notamment de l'exécution d'un espion prussien, appelé Hart. Dans deux circonstances, il a manifesté son sentiment. Une fois on lui a demandé des explications sur une lettre qui avait paru dans *le Temps*, où il parlait de l'emploi exclusif de la force morale pour entretenir l'ordre. On lui demanda s'il ne ferait pas en cas d'émeute appel à une autre force! Il fut très-net et dit qu'il réprimerait vigoureusement l'émeute, et s'animant, il se tourna vers l'impératrice et lui dit : « Je sacrifierai, s'il le faut, ma vie pour le salut de votre majesté et de sa dynastie! »

Une autre fois, quelques jours avant le 4 septembre, M. le général Trochu était venu au conseil, où on s'occupait des rassemblements qui avaient lieu devant le Corps législatif. M. le président du Corps législatif en était ému. On demanda au général Trochu s'il pouvait faire face aux exigences de la situation; il fit une réponse que je trouvai plus théorique que pratique. On insista, lui disant qu'il ne s'agissait pas de son dévouement, mais de mesures pratiques à prendre pour empêcher d'enlever la représentation nationale, et on lui posa la question : « Comment entendez vous l'accomplissement de ce devoir dont vous parlez? » Il se répandit alors en protestations et dit que, s'il le fallait, il se ferait tuer sur les marches de ces deux palais!

Le retour des bataillons de la garde mobile de Paris ne fut connu du ministre de la guerre qu'au moment même où il apprit la nomination de M. le général Trochu. Le ministre de la guerre en était d'autant plus désespéré que M. le général Trochu avait donné ces ordres sans rien lui dire, que cette mesure empêchait la formation du 12e corps. M. le général de Palikao craignait d'ailleurs le développement de l'indiscipline de ces troupes qui auraient pu dérouter son plan.

Un fait m'a vivement frappé le 4 septembre. Après le conseil des ministres du matin, nous avions été au Corps législatif. Vers midi, au bout d'un certain laps de temps, on s'introduisit dans le Corps législatif, qui fut envahi. Les ordres donnés furent impuissants à rendre les délibérations libres. Comment avait-on éloigné les troupes? Comment avait-on laissé entrer? Je ne sais.

Je voyais l'envahissement et la troupe ne défendant pas la Chambre. Ne pouvant plus rien faire, il fallait songer à préserver l'impératrice. Afin d'expliquer ma disparition, je dis à des collègues que j'allais aux Tuileries. J'y fus devancé par M. Jérôme David, et j'y fus suivi par M. Henri Chevreau.

L'impératrice voulait encore rester, mais nous lui fîmes comprendre qu'il n'y avait plus rien à faire.

En revenant vers la Chambre, et voulant absolument y rentrer, un ami que je rencontrai me dit que c'était chose impossible, qu'on allait proclamer un autre gouvernement. A ce moment, je crus pouvoir songer à ma famille; je rentrai chez moi et j'écrivis une lettre pour donner de mes nouvelles aux miens. Pendant que j'écrivais, j'entendis des explosions de cris et on m'appela à la fenêtre. Je vis, sortant du palais du Louvre, M. le général Trochu à cheval, avec quelques officiers. Devant lui marchait un certain nombre de mobiles par lui ramenés, criant : « Vive Trochu ! Vive la République ! » Cela me frappa. Ce cortége se dirigea vers la place de la Concorde.

Je crus que le général se portait vers l'Assemblée pour faire quelque chose, il n'y avait cependant pas de troupes derrière le général. Mais à la rue Castiglionne il tourna à droite. Il y avait un quart d'heure que nous avions quitté l'impératrice, et j'ai beaucoup regretté que rien ne soit venu au secours de la Chambre ni des Tuileries menacés et envahis.

Le départ de l'impératrice doit avoir eu lieu entre trois heures un quart et trois heures et demie.

L'audience est suspendue pendant vingt minutes.

M. Jules BRAME, membre de l'Assemblée nationale, à Haisne, près de Lille.

Je sais que M. le général Trochu a accusé de diffamation *le Figaro*. J'ai lu superficiellement l'article, et je désirerai.....

M. LE PRÉSIDENT. — Vous n'avez pas besoin de connaître l'article pour pouvoir répondre. — R. Le conseil des ministres avait des doutes sur l'attitude et le dévouement de M. le général Trochu. Un soir l'Assemblée a été entourée. On a craint un envahissement. Le lendemain on a interpellé M. Trochu au conseil sur son dévouement à la dynastie et au gouvernement.

Une première fois, il n'a pas répondu catégoriquement. La question lui a été posée une deuxième fois. Il a demandé comment on pouvait faire une pareille question à un général français. Il a dit que, sur sa foi de général, il viendrait se faire tuer pour sauver le gouvernement et la dynastie sur les marches des Tuileries, si un danger devait se manifester.

Il y a eu des explications assez vives en conseil entre le général Trochu et le général Palikao. Parti avec un commandement actif, il est revenu, quelques jours après, comme gouverneur de Paris. Quarante-huit heures après, nous avons appris que le général Trochu, nommé par quelqu'un qui peut-être ne pouvait plus le nommer, car nous étions un ministère responsable, ne revenait pas seul, mais ramenait avec lui quatorze bataillons de la garde mobile, 14,000 chassepots.

M. de Palikao lui fit les plus vifs reproches de ramener cette force à Paris.

M. Eugène ROUHER, avocat, cinquante-sept ans (sur la demande de Me Lachaud). — J'ai été appelé au sein du conseil des ministres, à la date du 7 août 1870 pour la première fois comme président du Sénat; M. Ollivier était garde des sceaux.

J'ai assisté à ce conseil au moment où je prenais part à ces travaux, M. Dejean était ministre provisoire de la guerre, il demandait un commandement pour aller à l'armée de Metz, il fut donc question de son remplacement; on prononça le nom de M. le général Trochu. M. Schneider, au nom de M. Trochu prit la parole et dit à l'impératrice, que M. Trochu n'accepterait pas et que, d'ailleurs, il ne lui conseillait pas de le prendre pour ministre de la guerre.

Le garde des sceaux fit la même observation et déclara qu'il ne conseillait pas de le nommer ministre de la guerre.

On passa à un autre nom, et M. de Palikao fut nommé ministre de la guerre.

Je m'étonnai que M. Trochu ne fût pas pourvu d'un

commandement à l'armée, et le lendemain, en effet, M. le comte de Palikao le nomma commandant du 12e corps d'armée.

Quant au retour des mobiles, à Paris, je dois dire que nous en fûmes inquiets, à tort ou à raison, nous les considérions comme devant être dangereux pour l'ordre public. M. de Palikao s'en émut même, il offrit sa démission en présence de la proclamation à eux adressée par le général Trochu, où le général disait à ces mobiles vous aviez le droit d'être appelés à Paris, je vous y ai amenés.

Voici encore un rapport que j'ai eu avec le général Trochu :

Dans une autre circonstance, M. le général Trochu vint dans le conseil à propos de l'exécution d'un espion prussien; je lui dis, quand l'avez-vous su, il répondit : Je l'ai su hier soir. Je lui répondis : eh bien, il fallait en parler hier; aujourd'hui il est trop tard pour s'en occuper.

Une autre fois, des explications furent demandées à M. le général Trochu, à l'occasion d'une lettre insérée dans *le Temps* où il parlait de la force morale comme élément de sécurité pour le gouvernement.

Ces paroles firent pénétrer dans l'esprit de quelques membres du conseil des inquiétudes assez vives.

Nous lui demandâmes ce qu'il entendait par force morale; il affirma qu'il était bien résolu à maintenir l'ordre.

J'ai à parler d'un deuxième fait. Des rassemblements commençaient autour du Corps législatif; nous demandâmes au général Trochu les mesures qu'il comptait prendre pour assurer le respect dû à ses délibérations. M. le général Trochu répondit à une première interpellation par des considérations générales assez étendues; alors je lui dis : « Mais permettez, général, il faut arriver à des mesures pratiques. » Le général alors se tourna vers l'impératrice et lui dit : « S'il le faut, je me ferai tuer sur les marches des Tuileries, pour l'impératrice régente et pour la dynastie. »

Cette phrase me parut assez énergique pour me rassurer et d'ailleurs je n'avais pas de responsabilité directe, je n'étais pas membre du cabinet, je n'assistais au conseil que comme président du Sénat, voilà les seuls rapports que j'ai eus avec le général Trochu. Avant, je ne l'avais vu que dans deux circonstances, une fois il s'est adressé à moi pour une affaire de chemin de fer en Bretagne et une fois je l'ai vu alors qu'il travaillait au projet de loi sur l'armée, c'était à Fontainebleau ou à Compiègne.

Sur une nouvelle demande de Me Lachaud.

Le général Trochu n'a pas prononcé devant moi ces mots : « Breton, catholique et soldat. » Je n'en ai entendu parler que plus tard. Car à ce moment j'ai été prendre la présidence du Sénat, je n'ai su que par la rumeur publique ce qui se passait à quelques kilomètres du Sénat.

Je dois dire que plus tard, revoyant en exil Sa Majesté l'impératrice, j'ai insisté pour savoir le rôle du général Trochu dans la journée du 4 septembre.

Sa Majesté me répondit : « Je comptais sur lui, car, quelques jours avant, il m'avait tenu un assez long discours où il me disait : « Si la police de Votre Majesté est bien faite, vous devez savoir que j'ai des rapports avec l'opposition ; il est de mon devoir de tâter le pouls de l'opinion, mais mon dévouement vous appartient ; vous pouvez compter sur moi, je suis soldat, catholique et Breton.

Me LACHAUD. — M. Rouher a fait partie du comité de la défense nationale.

M. ROUHER. — Je n'ai pas fait partie du comité de la défense nationale, il était présidé par M. Trochu ; il a été formé par le ministère Ollivier ; la composition de ce conseil a été discutée et retardée deux ou trois jours ; dans l'intervalle, M. le général Trochu a été nommé gouverneur de Paris, M. le maréchal Vaillant a fait partie du comité et lui a offert la présidence, le général Trochu a refusé.

Après un échange de courtoisies, M. Trochu fut nommé président du comité de défense nationale.

Je fus appelé comme président du Sénat à désigner les membres du Sénat qui devaient en faire partie ; je désignais MM. Chasseloup-Laubat et Béhic, le conseil choisit M. Béhic. Quelques jours après, je demandai à M. Béhic ce qui se passait dans ce comité.

Je me souviens que M. Béhic me dit : J'ai été témoin d'une scène pénible, M. Trochu présidait, le général Bilault croisant les bras sur sa poitrine, s'écria : « Sommes-nous ici le comité de la défense ou sommes-nous le comité de la défaillance ! » il y eut des explications très-vives d'échangées.

M. SCHNEIDER, 66 ans, maîtrede forges au Creuzot.—Si M. le président m'invite à communiquer ce qui a eu lieu au conseil, je le ferai, mais j'éprouve cependant un scrupule, mais je peux parler d'une conversation que j'ai eue avec M. Trochu.

Le ministère de la guerre avait un titulaire provisoire. 35 ou 40 collègues me demandèrent de faire nommer un ministre de la guerre nouveau et définitif : il ne s'agissait pas de changement de cabinet. Ces Messieurs désignaient M. le général Trochu, et subsidiairement M. Palikao. Je ne répondis pas d'une façon formelle. Sachant la pensée de l'impératrice, j'allai chez M. Trochu, que je ne connaissais pas.

J'ai demandé au général de tenir compte de la pensée générale de la chambre et du pays qui le désignait pour le ministère. Le général Trochu a manifesté le désir de ne pas en être chargé. J'insistai lui disant que personne ne pouvait décliner en de pareilles situations une situation où on pouvait rendre des services. Il me fit une réponse longue et motivée. Il avait des raisons sérieuses pour refuser : il fit des critiques graves sur l'organisation de la guerre ainsi que sur sa situation personnelle, disant qu'il devrait, s'il allait à la Chambre, tout d'abord développer dans un grand discours ce qu'il venait de me dire. Je lui répondis que ce serait un acte d'accusation en règle contre le gouvernement dont il devenait le ministre : que cela contribuerait à désunir; que ce serait fort imprudent.

Il fut convenu qu'il refusait formellement le ministère. Je rentrais à mon cabinet, où 50 à 60 collègues attendaient le résultat de ma mission. Je dis que le général Trochu refusait le ministère ; je ne donnai pas de détails. On objecta que cette opposition, d'après ce que l'on croyait savoir, ne devait pas être aussi absolue, et j'allai alors rendre compte à l'impératrice de cette insistance de la Chambre et de la nécessité d'utiliser la popularité e le talent militaire du général Trochu, en ne cachan cependant pas les termes de mon entretien. Je crus qu l'impératrice pourrait être plus heureuse ou tout a moins s'assurer de la conviction du général Trochu L'impératrice aurait fait appeler le général qui a d alors ne pouvoir se rendre auprès d'elle, afin de n'avoi pas à refuser à une femme.

Le lendemain, dans le conseil, on posa la question, e je résumai ce qui avait eu lieu.

Mon devoir était d'être soucieux de la sécurité du Corp législatif. Dans le conseil des jours précédents, j'avais té moigné des inquiétudes d'envahissement. Le règlemen m'obligeait à communiquer avec le ministre de la guerr et non pas avec le gouverneur de Paris. J'ai prévenu l ministre de la guerre, qui me donna des assurances satis faisantes. J'ai cru que la convenance demandait que l 3 septembre je fisse prévenir M. le gouverneur que je n'é tais pas sans inquiétudes. Je crois que l'on n'a pas vu l général Trochu, mais que M. Valette, secrétaire général a vu M. Schmitz.

Le lendemain M. Valette, à neuf heures du matin, re nouvela sa démarche. A dix heures et demie, il n'y avai pas encore de troupe. Je convoquai les questeurs. M. L Breton alla au ministère de la guerre et M. Hébert all chez M. le gouverneur de Paris.

Quelque temps auparavant, il y avait eu des inquiétu des, et M. le maréchal Baraguay-d'Illiers avait toujours ét en correspondance avec moi. J'ai voulu établir la mêm situation entre moi et M. Trochu : de là un message, e cependant je n'ai vu personne dans la matinée ni dans l journée, m'accuser communication en réponse à me messages. Je ne sais qui a fait venir les troupes, car il e est venu.

M. le général n'a fait au président du Corps législati aucune communication, je l'affirme.

Il y avait dans le Corps législatif des troupes en quantité assez faible, car après l'envahissement c'était tro tard; à mon sens, il fallait défendre les ponts. J'ai fai quelque chose qui n'est pas de mon métier, et j'en demande pardon à l'autorité militaire.

On n'a pas, en effet, pu faire agir à l'intérieur quand l'ai demandé plus tard.

Le président du Corps législatif était à l'égard de M. rochu dans des termes exceptionnels de déférence, car lui a fait demander deux cartes permanentes, les seules n'on ait données, pour quelqu'un de sa famille, et il les i a données. Depuis le commencement de la séance du septembre jusqu'à la fin, un des représentants de M. rochu était dans cette tribune.

M. PIETRI, propriétaire, membre du conseil général de la orse. — J'étais préfet de police lors des événements du septembre. J'ai eu connaissance que M. le gouverneur Paris recevait des membres de l'opposition radicale de Chambre des députés. Les mesures prises par M. le aréchal Baraguay-d'Illiers étaient toutes différentes. Le août, à la convocation du Corps législatif, l'Opposition dicale voulait tenter un coup de main. Les mesures fu-nt prises, mais le péril était grand. M. le maréchal gea alors nécessaire de se rendre lui-même autour du rps législatif. Son attitude fut résolue, et en présence cette volonté, l'opposition abandonna son idée d'enle-r le Corps législatif ce jour-là.

Me LACHAUD. — Que s'est-il passé le 3 septembre à l'hô-l du gouverneur de Paris?

M. PIÉTRI. — Voici les faits qui m'ont été rapportés r mes agents :

Le 3 septembre, après les nouvelles de Sedan, la popu-ion parisienne éprouva un certain frémissement ; il y t une grande effervescence. En rentrant le soir des ileries, je pris les mesures les plus fermes pour réta-r l'ordre. Au boulevard Bonne-Nouvelle, 3 ou 400 mmes voulurent attaquer le poste ; il y avait 4 ou 5 gents de ville ; ils montrèrent une telle énergie, qu'ils spersèrent cette bande et firent prisonniers deux des incipaux meneurs. Plus bas, sur le boulevard Mont-artre, la sédition était plus nombreuse : il y avait 2 ou 000 émeutiers; les sergents de ville furent obligés de mettre en bataille, et enfin la bande fut dispersée. Il y ait un garde mobile du camp de Saint-Maur qui avait blessé à l'oreille. La foule voulait avoir son cadavre, le prit et on le transporta au palais du gouverneur de

Paris au Louvre. Là, une députation monta chez le gouverneur.

Elle cria contre la police, elle l'accusa d'avoir été brutale, d'avoir blessé le peuple dans l'émission de sa volonté. M. le général Trochu alors aurait répondu : « Les actes de brutalité cesseront; d'ailleurs le peuple sera armé, et c'est le peuple qui fera la police. » Là-dessus le peuple se retira en criant : « Vive le gouverneur! »

(Sur la demande de Me Mathieu), le témoin déclare qu'il ne sait pas ce que M. Trochu a pu dire quand la foule criait dans sa cour : La « République! la déchéance! la déchéance! »

Le 4 septembre, continua le témoin, en présence des projets manifestes des révolutionnaires, je dus prendre des mesures énergiques.

800 hommes furent envoyés autour du Corps législatif, objectif principal des émeutiers; 800 hommes de police, dirigés par les officiers de paix. Je fis un appel à leur dévouement; ils le promirent, et je suis heureux de le dire, tous ont tenu leurs promeses, aucun n'a trahi. De tous les points de Belleville, de Charonne, une foule immense, calme, mais dirigée par des chefs de section se réunissait sur la place de la Concorde. Quand la foule fut assez nombreuse, on tenta d'approcher du Corps législatif.

Les agents opposèrent une résistance énergique. Du perron du Corps législatif, des membres de l'opposition faisaient des signes à la foule d'approcher, mais les agents la maintenaient toujours. Une voix s'éleva de la tribune pour dénoncer comme un crime la présence des agents autour du Corps législatif. On s'adressa aux questeurs de l'Assemblée et on leur demanda que la garde du Corps législatif appartînt à la seule garde nationale. Alors, le commissaire de police qui commandait fut mandé par les questeurs. Il répondit que la police sur la voie publique n'était pas du domaine des questeurs. On tourna alors la difficulté; on s'adressa au général qui commandait.

Le général appela auprès de lui les commissaires de police, et leur dit de rentrer chez eux. On était en état de siége. Tous les pouvoirs appartenaient à l'autorité militaire. Les commissaires de police furent très émus; on leur dit de ne pas discuter et d'obéir; et les agents furent retirés, et après un simulacre de résistance par la garde nationale, le Corps législatif fut envahi. Je tiens tous ces faits du commissaire de police qui commandait. Il m'a affirmé que si les 800 hommes de la police étaient restés là, le Corps législatif n'aurait pas été envahi.

Dès qu'il m'eut rendu compte des événements qui venaient de s'accomplir, on me demanda ce qu'il y avait à faire. Je répondis que nous avions à défendre la préfecture de police; mais dix minutes après, je reçus un des chambellans de S. M. l'impératrice qui me mandait aux Tuileries. Je m'y rendis. Nous eûmes toutes les peines du monde à y arriver.

On essayait déjà de forcer les grilles. La foule était menaçante, la porte du guichet de l'empereur était fermée et obstruée. Enfin je pus entrer; comment, je ne le sais. Je montai auprès de Sa Majesté; elle était entourée du ministre de l'intérieur, de M. de Metternich, de M. Nigra. On me demanda si Sa Majesté était en sûreté aux Tuileries. — Je répondis que dans quelques minutes elles allaient être envahies, et c'est alors que Sa Majesté se résigna à les abandonner.

Sur la demande de Me Allou, le témoin ajoute. — Je crois que c'est le général de Caussade qui commandait les troupes autour du Corps législatif.

M. DE COSSÉ-BRISSAC (comte de), sur la demande de Me Lachaud. — Je me rappelle une conversation de M. le général Trochu qui m'a fort émotionné. C'était le 7 août, après le conseil, M. l'amiral Jurien de Lagravière interrogeait le général Trochu ; il lui disait: « Croyez-vous que nous pussions encore sauver la France? » Le général Trochu dit qu'il avait prédit tous ces malheurs ; il s'étendit en de longues dissertations politiques. Alors l'amiral Jurien de la Gravière répliqua : « Je m'adresse au soldat; je ne parle pas politique; croyez-vous qu'on puisse encore sauver la France ? »

Le général Trochu répondit : « On ne peut séparer la guerre de la politique, devant des circonstances aussi graves, j'ai voulu me réserver devant la postérité. Je vois s'élever devant moi le souvenir du général Dupont, et j'ai consigné toutes ces prévisions dans un testament que j'ai déposé chez M. Ducloux. Ce n'est pas pour moi que je parle, j'ai 100 fr. de rente et onze enfants. Il y avait comme témoin de cette conversation le prince Poniatowski et M. Conneau, lieutenant de vaisseau, aide de camp de l'empereur.

M. le marquis D'ANDELARRE, représentant du peuple, demeurant à Andelarre (Haute-Saône), 68 ans. — Je me trouvais dans un couloir de l'Assemblée, à Versailles. Il y avait des membres de l'opposition radicale du temps de l'empire. Un de ces Messieurs dit : « Je ne connais pas le général Trochu ! — Comment, je vous y ai vu. — Ah ! vous m'en direz tant ! » C'était M. Picard.

J'avais vu cette personne dans l'antichambre du général Trochu, où on l'avait fait entrer par une autre porte que moi.

Le général recevait tout le monde.

Le général était fort inquiet, et il m'a dit que l'armée de Bazaine était perdue, et qu'il ne s'occupait qu'à empêcher le maréchal de Mac-Mahon à aller vers Bazaine. Il n'y a qu'un membre du cabinet de mon avis, M. Jérôme David.

M. VUITRY, membre de l'Institut, 58 ans. — J'étais à Orléans fin octobre 1870, lorsque M. Thiers y passa. La ville était occupée par les Bavarois, et il n'y avait pas de communication. On s'informa de ce qu'avait pu dire M. Thiers. Le bruit s'est accrédité que nos négociations avaient eu pour but la conclusion immédiate de la paix à des conditions dures et douloureuses qu'il eût été sage d'accepter : on parlait de la cession de l'Alsace et de 2 milliards. M. Thiers avait conféré avec le gouvernement de Paris, qui avait résisté à ces propositions, et M. Thiers en aurait été désolé.

L'exactitude de ces récits qui a pu être contestée est constatée par M. Thiers devant la commission d'enquête du 18 mars.

On disait que M. Bismark aurait dit que si on n'acceptait pas, Paris capitulerait et que ces propositions seraient plus dures.

M. GUILLOUTET, propriétaire, Château-de-la-Caze (Landes). — Tout ce que je peux dire, c'est qu'à la suite d'un entretien avec M. Thiers, qui me raconta sa mission, il la résuma en me disant qu'il avait eu le regret de ne pouvoir faire aboutir les propositions de l'armistice qui était alors possible. Il termina en disant que la paix était alors possible avec 2 milliards et une bande de territoire en Alsace, et qu'il regrettait qu'on n'eût pas accepté.

CAMILLE DOUCET, membre de l'Institut, 59 ans. — Un jour, étant à Versailles, M. Thiers nous invita à déjeuner, il parla des affaires de la France, disant qu'au 31 octobre il aurait pu avoir des conditions bien meilleures.

M. THÉODORE DE GRAVE, homme de lettres. — Par hasard, M. le général Pélissier, en wagon, revenant de Versailles, parlait des événements et de l'affaire de Buzenval. Il avait beaucoup de verve, et critiquait beaucoup le général Trochu. Je ne me rappelle pas le texte de ses paroles, mais l'impression m'est vivement restée de cette critique. Il nous dit qu'au Mont-Valérien le général Trochu, à midi, était assis près d'une cheminée, et que lui ayant demandé ce qu'il entendait faire, il lui a répondu qu'il ne savait pas, du ton de l'homme le plus imprévoyant. J'appris que ce général était général d'artillerie et frère du maréchal.

Les autres témoins cités à la requête des prévenus ayant été autorisés à se retirer, vu leur qualité de membres de l'Assemblée nationale, l'audience est levée à trois heures et demie et renvoyée à demain à dix heures précises.

Audience du 28 mars.

Même affluence qu'à l'audience d'hier. On sait que les dépositions les plus importantes seront entendues aujourd'hui.

L'attente du public n'a pas été déçue et les témoignages recueillis pendant cette séance on été avidement et religieusement écoutés.

A de rares intervalles, quelques murmures d'approbation ou de désapprobation se sont élevés, mais une simple observation de M. le président rétablissait immédiatement le calme.

Il nous est impossible de ne pas rendre hommage à

la haute et digne impartialité du magistrat qui dirige les débats.

Quant à l'impression qu'ont produite les témoignages entendus à cette audience, nous éviterons même de l'indiquer. Notons toutefois que M. le général Trochu a paru satisfait de leur audition.

La figure du général, soucieuse hier et au commencement de l'audience d'aujourd'hui, s'est rassérénée petit à petit. Elle était épanouie à la fin de l'audience. Nous remarquons que c'est à grand' peine que l'éminent avocat du général parvient à lui faire garder le silence.

Quant à MM. Vitu et Villemessant, ils suivent les débats comme de véritables curieux ; ils écoutent chaque déposition avec la tranquillité de simples spectateurs bien désintéressés. Ils ne songent pas à faire une réflexion, une observation, une question ; ils écoutent, s'en rapportant au tact et à l'habileté de leurs défenseurs. Ils ont raison.

Chacun a remarqué que l'organe du ministère public n'a pas encore prononcé une parole depuis deux jours. Mais le public sera largement dédommagé lorsqu'il entendra, à la prochaine audience, la parole honnête et convaincue de l'éloquent magistrat.

Nous le répétons, nous ne voulons pas apprécier les dépositions qui se sont succédé devant la Cour. Et d'ailleurs il faudrait les reprendre presque toutes une à une.

Les escarmouches ont commencé entre les défenseurs. Elles font préjuger les vivacités de l'attaque et de la riposte.

A dix heures et demie, la Cour entre à l'audience.

Sur la demande de Me Desroulède, à laquelle acquiescent les défenseurs des prévenus, on entend immédiatement quelques témoins cités à la requête de M. le général Trochu.

On introduit le maréchal Mac-Mahon.

Maréchal MAC-MAHON, duc de Magenta, à Versailles, soixante-trois ans, cité à la requête du général Trochu.

Me ALLOU — Je demanderai au maréchal Mac-Mahon dans quelles circonstances il a recommandé à l'empereur le général Trochu, et comment plus tard il est revenu sur ses sentiments.

LE TÉMOIN. — La réponse est facile, je n'ai qu'à faire connaître la déposition que j'ai faite devant la commission d'enquête des événements du 4 septembre. D'ailleurs, déjà *le Figaro* en a rendu compte.

Voici cette déposition. Le témoin retire une brochure de son portefeuille et se dispose à la lire.

M. LE PRÉSIDENT. — Pardon, maréchal, nous ne pouvons entendre ici que vos dépositions verbales.

LE TÉMOIN. — Voici alors quels sont mes souvenirs. J'étais arrivé à Châlons, le 17 août, d'assez bonne heure. L'empereur me fit demander. Il était devant son quartier général, il y avait à ses côtés le prince Napoléon, le général Trochu et le général Schmitz, il y avait aussi... le général Berthauld.

Depuis quelque temps, l'empereur causait avec ces messieurs; le prince Napoléon exprimait à l'empereur ses craintes d'une révolution à Paris; il disait que le général Trochu était le seul homme capable d'arrêter cette révolution.

L'empereur parut d'abord étonné. En résumé, par un motif quelconque, il me fit signe de venir lui parler en particulier; il me demanda ce que j'en pensais. Je dis à l'empereur : « Le général Trochu est un homme de cœur, un homme d'honneur. » Voilà quelle était ma conviction intime.

Me ALLOU. — Je demanderai au maréchal de préciser un peu plus et de dire s'il est revenu sur cette conviction. Ses sentiments ont-ils été rétractés plus tard, comme *le Figaro* le dit en écrivant : « Je le croyais un honnête homme; je le croyais..., c'est-à-dire comme une illusion perdue. »

LE TÉMOIN. — Je n'ai pas dit autre chose que ce que j'ai dit à l'empereur.

Me ALLOU. — Cela me suffit.

Me LACHAUD. — Lorsque M. le général Trochu a été

envoyé à Paris, n'a-t-il pas fait une condition *sine quâ non* du retour des mobiles ?

LE TÉMOIN. — Je crois me rappeler que le général Trochu demanda de ramener avec lui 18,000 hommes. L'empereur n'approuvait pas le départ de ces 18,000 hommes et il s'y opposait, il préférait que ces troupes fussent envoyées sur un autre point. M. le général Trochu dit qu'il avait confiance dans ces troupes, et il invoqua le témoignage du général Berthauld.

Enfin, l'empereur y consentit, mais avec cette condition toutefois, c'est que les bataillons de Belleville, de Montmartre et de Charonne seraient dirigés vers Lille, Valenciennes et Maubeuge. Enfin, je l'affirme, c'est le général Trochu qui a demandé de renvoyer à Paris les gardes mobiles.

Me LACHAUD. — Etait-il entendu alors que le maréchal Mac-Mahon devait se diriger sur Paris ?

LE TÉMOIN. — J'ai été nommé commandant de l'armée de Châlons, mais sous les ordres de M. le maréchal Bazaine. Immédiatement, je lui ai écrit pour lui demander ces ordres; on ne savait pas encore ce qui s'était passé à Metz; on ne connaissait pas encore la bataille de Mars-Latour; à ce moment-là on ne songeait donc pas à revenir à Paris.

Me LACHAUD. — L'empereur exerçait-il alors encore un commandement militaire ?

LE TÉMOIN. — Non, je l'affirme. J'allai trouver l'empereur, et je lui demandai les rapports qui devaient avoir lieu entre le chef de l'Etat et moi. L'empereur m'a répondu que, par des considérations inutiles à rapporter, il avait décidé qu'il remettait le commandement et que lui, il ne s'en occuperait plus. Tous les mouvements que j'ai faits, je les ai faits de moi-même et jamais sous sous son inspiration.

Au contraire, l'empereur m'a souvent conseillé des mouvements différents de ceux que j'ai faits.

M. le général CHANGARNIER, soixante-dix-huit ans, député à l'Assemblée nationale.

Me ALLOU. — Avez-vous prononcé ces paroles en parlant du général Trochu : « C'est Tartufe sous le casque de Mangin? » — R. La société serait bien malade si on pouvait répéter ce que l'on entend dire. Je suis appelé pour parler sur des faits et non pour répéter mes impressions; je ne déposerai que dans ce sens.

Me ALLOU. — C'est un fait sur lequel nous vous interrogeons. — R. A quelle époque ai-je dit cela? Qui a répété cela? Je désire savoir le nom de celui qui a répété cela, afin de ne jamais le fréquenter!

Me ALLOU. — Est-ce que cette parole a été prononcée? — R. Je ne peux répondre : tout ce que je puis dire, c'est que je me sers de paroles convenables!

Me ALLOU. — J'ai le droit d'insister pour savoir si ces paroles ont été prononcées, car c'est un des outrages relevés par le général Trochu contre le *Figaro?* — R. Lors de la révolution du 4 septembre, j'étais à Metz : je n'ai rien su que par des propos de salon. Comment m'obliger à répéter devant la justice, que je respecte, une conversation tenue à une époque indéterminée! Je suis malgré tous nos désastres resté optimiste pour mon pays, et la société serait en péril si le général Changarnier répétait ici des propos de salon. D'ailleurs, à quelle époque aurais-je dit ces paroles?

Est-ce que je prends note des paroles que je prononce dans un salon? Est-ce que je suis forcé de venir en déposer devant la justice? Je suis étonné d'avoir été appelé ici; comment aurais-je pu apprécier le 4 septembre, je n'étais pas ici! C'est ainsi que je n'ai pas plus de renseignements, par exemple, sur le 2 décembre. On m'a arrêté le matin du 2 décembre, jeté en voiture cellulaire, conduit en Belgique. Là seulement j'ai su des nouvelles, et cependant j'ai été acteur subalterne de ce drame; si le général Trochu dit qu'il a été acteur subalterne au 2 décembre, je le crois également, mais je n'en sais absolument rien. Le général Changarnier, homme sérieux, ne peut rapporter des bavardages de salon, et je refuse de répondre.

Me ALLOU. — Connaissez-vous le général Trochu? Quelles relations ont existé entre vous? — R. Je commandais la garde nationale de l'armée de Paris en 1848, le capitaine Trochu était parent d'un général, par lequel je le connus, et j'ai conçu pour lui une affectueuse estime. Longtemps après, revenant de mon exil de Belgique, après la campagne d'Italie, j'ai revu dans le monde le général Trochu, homme charmant, très-séduisant : voilà tout ce que je puis dire. Je suis étonné qu'on me fasse venir pour parler du 4 septembre, et je vous prie de ne pas me forcer de me souvenir des propos de société que j'oublie, et d'être forcé de trahir les secrets de ceux qui ont causé avec moi !

Me ALLOU. — Enfin, le général a dit qu'il n'avait pas prononcé ces paroles !

Me LACHAUD. — Prenez garde ! Cette déposition est digne et le général en homme bien élevé a dit tout ce qu'il voulait dire : Vous êtes content de la déposition, eh bien ! et nous aussi !

Me ALLOU. — Est-ce que le général Changarnier ne sera pas étonné cependant, si on dit dans les plaidoiries qu'il a prononcé telles ou telles paroles?

Me LACHAUD. — Non ; on parlera du général avec respect, et on rappellera à MM. les jurés la déposition qu'ils ont comprise, et tout le talent de Me Allou ne pourra changer cela.

Me ALLOU. — Nous ne faisons que solliciter une parole de la bouche du général pour dénier les paroles que *le Figaro* lui prête.

UN JURÉ. — Le propos nous paraissant très-important, je m'associe à la demande de Me Allou sur ce point. Le général a-t-il, oui ou non, prononcé la parole qu'on lui prête ? Je vous en demande pardon. — R. Quand? en quelle année? Est-ce que j'enregistre mes paroles.

M. LE PRÉSIDENT. — Avez-vous tenu ce propos, oui ou non? — R. Je vais étonner la Cour. Je parcours rarement *le Figaro,* journal très-conservateur et qui a mes sympathies. J'aurais probablement ignoré l'article signé : Minos, si M. Trochu ne me l'avait envoyé découpé. *Le Figaro* a beaucoup d'esprit; il m'en a probablement prêté. La société est perdue, et je lui porterais le dernier coup si je répétais des propos de salon.

UN JURÉ. — Je demande pardon d'insister. M. le général Changarnier appelé ici comme témoin, peut-il dire s'il a donné une appréciation quelconque sur le général Trochu? A t il émis un avis défavorable au général?

M. LE PRÉSIDENT. — Ceci est trop vague. Il s'agit de

savoir si un propos déterminé a été prononcé? — R. Je me refuse à donner mon opinion sur le général Trochu. Je l'estime beaucoup, c'est un galant homme. Je ne suis pas une vieille commère.

M. le général Changarnier demande à se retirer pour assister aux discussions du budget de la guerre à l'Assemblée nationale.

M. BAZE, avocat, questeur de l'Assemblée nationale.

Me ALLOU. — Voici la question que j'aurai l'honneur d'adresser à Me Baze : Parmi les accusations accumulées dans *le Figaro* contre le général Trochu, il y en a une qui le touche le plus vivement, c'est l'accusation d'avoir été le collaborateur du coup d'Etat de 1851, je demanderai à M. Baze ce qu'il sait sur le rôle du général Trochu à cette époque.

M. BAZE. — Voici ce que je sais : Les souvenirs sont présents à ma mémoire, à l'époque des revues de Satory, l'attention de l'Assemblée et la mienne, comme questeur, fut appelée sur ce qui se passait à Satory.

J'avais connu autrefois le général Neumayer, qui commandait la division alors que je commandais la garde nationale d'Agen. En 1848, je fus nommé membre de l'Assemblée nationale, je rencontrai le général Neumayer, nous nous fîmes quelques visites. Après les revues de Satory, le général Neumayer me remit une lettre. Cette lettre me rendait compte de faits qui s'étaient passés à Satory; cette lettre, il l'accompagnait de pièces d'une correspondance échangée avec le ministre de la guerre, il me donna aussi des renseignements verbaux.

Comme ses troupes n'avaient pas poussé le cri de « Vive l'empereur ! » le président de la République piqua droit vers lui et lui dit : « Général, pourquoi vos troupes n'ont-elles pas crié ?—Parce que l'on ne crie pas sous les armes,» répondit le général. « Si, monsieur, dit le président, les troupes crient quand on veut. »

A la suite de cette affaire, le général Neumayer avait été l'objet d'une certaine mesure, on lui enlevait la division de Paris qu'il commandait pour lui confier le commandement de deux divisions en Bretagne.

Il dit qu'il ne voulait pas accepter cet échange, et c'est alors qu'il me remit les copies de la correspondance avec le ministre de la guerre. En me remettant ces pièces : « Je mets en vous ma confiance, me dit-il; vous vous en servirez quand la discussion de ces faits viendra à la Chambre. » La discussion ne vint pas; on mit beaucoup d'affectation même à ne pas parler des revues de Satory. Quelques jours après, le général Neumayer m'écrivit une autre lettre, et elle m'était apportée par son chef d'escadron, M. Trochu, qui m'annonça qu'il était parfaitement au courant de la situation.

Par cette lettre, il me redemandait ses pièces. Je les remis au général Trochu, et je n'en ai plus entendu parler. La copie de cette pièce, qui pouvait être compromettante, a été brûlée par ma femme, quand j'ai été arrêté par les scélérats qui ont dissous l'Assemblée.[1]

Quant à la deuxième lettre, celle apportée par le général Trochu, elle a été volée chez moi lors du coup d'Etat par le commissaire de police qui a fait, non pas perquisition, mais invasion chez moi, et qui s'est emparé de ma personne.

Comte DE MAILLÉ, cinquante-cinq ans, propriétaire et député, boulevard Malesherbes, invité par Me Allou à dire quels sont ses sentiments personnels à l'égard du général Trochu.

LE TÉMOIN. — Je connus le général Trochu à l'Ecole militaire, en 1835; j'eus pour lui une intime amitié qui a duré et qui dure encore. Le général Trochu est un des hommes que j'ai connus, celui qui s'est laissé le moins lier par la politique, subordonnant les actes de la vie à la loi morale; sa vie privée a été modeste, pure, dévouée pour les siens; sa vie publique, laborieuse et dominée par ces idées morales qui ont été les raisons pour lesquelles il a été l'adversaire du coup d'Etat 1851. En 1849, il était aide de camp du maréchal Bugeaud. Il écrivit au maréchal une lettre qu'il me montra, où il conseillait au maréchal de voter en faveur de Cavaignac; il montrait au maréchal quels seraient les dangers pour le pays, si le prince Louis-Napoléon parvenait au pouvoir.

Le coup d'Etat ayant été sanctionné par le suffrage universel, M. Trochu a accepté cette ratification et il a servi l'empire, se réservant de lui dire toute la vérité; il l'a dite notamment par son livre sur l'armée française, en 1867; et si on l'avait cru, cela aurait pu sauver l'empire. Je me rappelle qu'en 1866, une discussion eut lieu chez moi sur la bataille de Sadowa. M. Trochu défendit avec beaucoup de talent le général Benedeck; je lui dis : « Vous le défendez avec bien de l'énergie. » Il répondit : « Je l'ai défendu comme il faudra un jour défendre tous les généraux français, car un jour, tous, ils seront victimes de la déplorable organisation militaire. Je ne connais pas de phrase plus douloureusement prophétique que celle-là. (Sensation.)

On rentre dans l'ordre des témoins cités par les prévenus.

Charles de MEFFRAY, propriétaire à Paris. (Sur la demande de Me Lachaud.) C'est avec une profonde attention que j'ai suivi la longue agonie de Paris, je dois dire que jamais aucune opération ne m'a paru avoir été préparée et mûrie avec si peu de soin. Quant à Buzenval, voici ce que j'ai à dire : Les ordres ne m'ont pas paru assez sérieusement donnés. Je crois que c'était plutôt une satisfaction donnée à la partie turbulente de la population de Paris, qu'une opération de guerre de nature à sauver une ville réduite à sa dernière bouchée de pain, si l'on peut dire que c'était du pain, il aurait fallu que les diverses colonnes arrivassent toutes en même temps au même point.

Le chemin s'est trouvé encombré malencontreusement, et puis, après le succès de la première journée, des mesures auraient dû être prises pour utiliser le succès de la veille.

Me ALLOU. — Je n'ai pas bien entendu la qualité du témoin; je me permets de la lui redemander. Quel rôle militaire a-t-il joué à Buzenval?

LE TÉMOIN. — Je n'avais aucun rôle militaire à jouer à Buzenval. J'ai donné ma démission...

Me ALLOU. — De quoi ?

LE TÉMOIN. — De capitaine dans l'armée française. (Mouvement.)

Me ALLOU. — Ah ! très-bien...

M. DELCHET, propriétaire, 18, rue Miromesnil. — J'ai été chargé, le 4 septembre, d'aller occuper l'Hôtel-de-Ville avec deux bataillons.

Me LACHAUD. — Y avait-il le bataillon des Blancs-Manteaux ?

LE TÉMOIN. — Non, c'était peut-être mon cousin qui le commandait ?

Me LACHAUD. — C'est sans doute votre cousin qui devait être cité ?

Me MATHIEU (au témoin). — Où demeure votre cousin ? — R Rue Cambacérès, n° 29.

M. PÉLISSIER, général de division d'artillerie de la marine, cinquante-huit ans.

(Sur interpellation.) Je viens de lire la conversation que l'on me prête, remontant au 30 mars 1870. J'étais alors surexcité comme tout le monde. Mon langage a pu être animé. Je dois dire cependant que rien dans mes paroles n'a pu porter atteinte à l'honneur et à la considération du général Trochu. J'ai pu dire qu'il n'a jamais cru à la défense de Paris et faire des critiques des opérations. Quant au propos que l'on me prête, je n'ai pas tenu un pareil langage. Pour l'affaire de Buzenval, j'ai pu exprimer le regret que l'on n'ait pas, à un certain moment, fait avancer des réserves et d'autres troupes.

Je crois que la personne qui a nécessité mon intervention dans ce débat est mal servie par ses souvenirs ; j'ai même trouvé ce récit assez bouffon.

M. DE GRAVE s'approche de la barre des témoins et dit : « J'ai eu l'insigne bonheur de rencontrer une personne qui se trouvait dans le compartiment avec le général Pélissier : c'est M. Casanova, ancien officier de la garde impériale; on pourra le faire assigner. »

M. LEBRUN, général de division, soixante-deux ans. — J'étais à Châlons, au camp, avec l'empereur, que j'accompagnais. Nous arrivâmes le 16 août. Le 17 août, il y eut conseil. L'empereur présidait, et il y avait les généraux Trochu, Berthault, Schmitz et le maréchal Mac Mahon. Je n'ai su que le résultat, qui était que le général Trochu quittait le commandement du 12e corps pour devenir gouverneur de Paris. Je reçus le commandement du 12e corps. Je me félicitais de la nomination du général Trochu à ces fonctions. Il y a eu cependant une chose que je n'aurais pas approuvé : c'était de faire revenir avec le général Trochu, à Paris, les bataillons indisciplinés des mobiles de la Seine. Je crois qu'il aurait mieux valu les envoyer dans le Nord.

Il avait été entendu que l'armée de Châlons était destinée à prendre la direction de Paris, non-seulement par les voies ferrées, mais encore en se repliant pour ralentir la marche de l'armée ennemie, pour cependant combattre à l'extrême. En le faisant, à mon sens, on aurait refait une armée av... ce noyau. Paris pouvait se défendre, car toute place forte peut se défendre quand elle a à courte distance une armée venant à son secours.

A Reims encore, on dev it venir sur Paris; mais là on se dirigea sur Metz. C'est cette armée, oscillant entre Paris et Metz, qui a séjourné à Reims, à Réthel et ailleurs, arrêts qu'on aurait pu éviter si on avait eu l'idée arrêtée d'aller sur Paris. J'ai quelquefois été appelé à dire mon opinion sur l'opération par Metz, contraire aux règles de la stratégie.

On a parlé du rôle du général Trochu au 2 décembre, il n'a pas été un des acteurs, mais encore un homme très-opposant, il n'était rien alors : Il venait de quitter son général Neumayer. Si son avancement a été rapide, ses camarades l'ont cependant considéré comme bien justifié.

Me LACHAUD. — Aucun officier général n'a eu un pareil avancement.

Me ALLOU. — Cependant le général Trochu à refusé encore plus d'honneur qu'il n'en a accepté.

LE TÉMOIN. — Le rôle du général Trochu le 3 et le 4 septembre a besoin d'explications dans l'intérêt de l'armée. Les collègues de M. Trochu les plus affectionnés au nombre desquels j'étais, se sont posé une question : Le général Trochu n'a pas paru aux Tuileries le 3 septembre : comment expliquer cela? Surtout après les formels engagements pris vis-à-vis de l'impératrice, et que le général Trochu ne méconnut pas. Je voudrais être édifié à ce sujet.

Le 4 septembre, le général Trochu monte à cheval. Il y a le Corps législatif et les Tuileries qui sont dignes de sa sollicitude. Il va droit au Corps législatif; on comprend cela ; mais en route, sur le quai ou sur la rue de Rivoli, il y a un encombrement, il ne peut aller plus loin.

Là, il rencontre Jules Fabre, qui lui apprend l'envahisse ment du Corps législatif, l'établissement du gouverne ment nouveau; et alors le général Trochu va à l'Hôtel de-Ville, sans aller aux Tuileries! N'aurait-il pas alors p passer aux Tuileries, pour savoir au moins ce que deve nait l'impératrice?

M. LE PRÉSIDENT. — Ce sont des appréciations; vou devez déposer sur des faits.

Me MATHIEU. — Mais c'est le procès!

Me LACHAUD. — M. Trochu a pour se défendre l'avoca le plus éminent; il répondra à vos questions.

On cite les témoins cités par M. le général Trochu.

M. DE LA LANDE, général de brigade du cadre de réserve — J'étais chef d'état-major de la première division mili taire de Paris en décembre 1852. Il était de notoriété que M. le chef d'escadron d'état-major en disponibilité Tro chu était hostile au coup d'Etat, ainsi qu'aux mesures antérieures et à celles qui l'ont suivi.

M. LACROIX, colonel d'état-major en retraite.

Me ALLOU. — Quelle a été la conduite de M. le chef d'escadron Trochu lors de la revue de Satory, lors du 2 décembre, et depuis, notamment, lors du vote à découvert pour le plébiscite? — R. Sur le livre déposé dans la salle de service pour le vote du plébiscite, le commandant Trochu est venu inscrire son vote à la colonne du *non*, avec sa signature.

M. DEPLACE, général de brigade, chef d'état-major du 1er corps à Versailles.

Me ALLOU. — Dans quelle circonstance la situation de M. Trochu au personnel du ministère de la guerre lui a-t-elle été imposée par le général de Saint Arnaud?

Le général Neumayer, parent du colonel Trochu, et le colonel Trochu, après décembre 1851, avaient été mis en disponibilité : quinze jours après les événements, j'allai voir M. le colonel Trochu, que je connaissais.

Il désirait rester en dehors du personnel actif, c'est-à-dire en disponibilité. Le ministre de la guerre eut l'intention de l'appeler à la direction du personnel. Il y fut appelé, et je le dis au général Trochu qui manifesta le désir de rester en dehors. Le maréchal lui envoya un de ces aide de camp et lui donna ordre d'accepter.

Mᵉ ALLOU. — C'est donc sur l'ordre du maréchal que
I. Trochu a accepté cette situation? — R. Parfaitement:
e colonel Trochu désirait rester à l'écart.

M. le général VAUBERT DE GENLIS, général de brigade
à disponibilité.

Mᵉ ALLOU. — N'est-il pas à la connaissance du témoin
u'au siége de Sébastopol, en Crimée, on offrit au géné-
al Trochu les fonctions si recherchées de chef d'état-
ajor général, et que M. Trochu refusa pour M. de Mar-
mprey?

LE TÉMOIN. — J'ai, en effet, le souvenir de ce fait; il
est produit.

Mᵉ ALLOU. — En 1866, M. Trochu a perdu un frère.
Le témoin ne sait-il pas qu'à cette époque, on se serait
résenté chez le général, au nom de l'empereur, et qu'on
i aurait remis une somme de 20,000 fr., le général était
bsent; de retour de Rennes, il demanda rendez-vous à
empereur et rapporta les 20,000 fr.

LE TÉMOIN. — J'ai souvenir de cette circonstance. Cette
mme était sous enveloppe; elle fut reçue par Mme Tro-
u, quand le général Trochu revint, il exprima sa surprise.
me pria d'obtenir une audience de l'empereur pour lui
primer ces scrupules, et lui dire qu'il ne pouvait rece-
ir cette somme. Je demandai une audience à l'empe-
ur, et, en effet, le général fut reçu le lendemain.

Mᵉ LACHAUD. — Après ce fait, qui honore à la fois le
énéral et l'empereur, le témoin ne sait-il pas si l'empe-
eur n'accorda pas autre chose?

LE TÉMOIN. — Parfaitement. La belle-sœur du général
it nommée titulaire d'un bureau de tabac à Paris.

M. Jean-Pierre JURIEN DE LA GRAVIÈRE, vice-amiral, rue
ellechasse, 55.

Mᵉ ALLOU demande au témoin s'il n'avait pas offert le
inistère de la guerre au général Trochu au nom de l'im-
ératrice, avant le choix du général Palikao.

LE TÉMOIN. — Je ne me rappelle pas les circonstances
xactes dans lesquelles j'ai offert ce ministère; mais ce
ue je me rappelle parfaitement, c'est que le général
rochu m'a fait comprendre qu'il n'était pas en situation
'accepter ce ministère.

Mᵉ ALLOU. — Pourquoi?

LE TÉMOIN. — Il me fit remarquer qu'opposé comme il l'était aux doctrines militaires de l'Empire, il avait le devoir de faire connaître à la Chambre que la cause de nos revers était dans nos mauvaises institutions militaires. Je lui dis que cette déclaration était dangereuse et inopportune ; et alors nous tombâmes d'accord qu'il devait ne pas accepter.

Me ALLOU.—Le témoin a assisté à l'entrevue du 17 août aux Tuileries, entre l'impératrice et le général Trochu. Que peut-il dire à ce sujet?

LE TÉMOIN. — Mes souvenirs sont très-précis. J'étais couché; M. le lieutenant de vaisseau Conneau, officier d'ordonnance de l'empereur, vint me réveiller. Il m'apprit que le général Trochu ramenait l'empereur à Paris; je fus très-ému de cette nouvelle. Je considérais ce retour comme fatal peut-être, sinon pour ses jours, mais pour sa gloire. Nous avions le plus vif désir de voir l'empereur prendre sa part à une grande bataille; nous étions bien sûrs qu'il y aurait sa part. Son retour à Paris était attentatoire à la gloire de l'empereur et à l'intérêt de la France.

Le général Trochu maintint son idée de ramener l'empereur à Paris; suivant lui, le camp de Châlons n'était qu'un camp de plaisance; l'empereur était exposé à être enlevé par une division de cavalerie ennemie.

L'impératrice lui dit alors : « Il y a une chose que vous ne connaissez pas, c'est que Bazaine est victorieux. »

Elle parlait de la bataille du 16 août.

Le général Trochu céda alors et renonça à l'idée du retour de l'empereur à Paris. Quand il céda, j'en fus transporté de joie. Cependant... (Le témoin est vivement ému), le général Trochu... (L'amiral cherche à retenir les larmes qui s'échappent de ses yeux.)

M. LE PRÉSIDENT. — Amiral, prenez le temps de vous remettre.

Le témoin parvient à calmer sa vive émotion.

Le maréchal Bazaine était victorieux, mais il était arrêté.

L'impératrice avait un très-vif sentiment des dangers que pouvait courir l'empereur, mais il semblait que l'empereur ne pouvait rentrer nuitamment dans sa capitale et se cacher. L'impératrice ne craignait pas pour elle; l'impératrice est née dans un pays où l'on n'insulte pas les femmes; quand elle vit que le projet de ramener l'empereur à Paris était abandonné, elle en fut joyeuse.

Me ALLOU. — Dans cette conférence, l'impératrice ne dit-elle pas : « Si nous rappelions les princes d'Orléans. »

LE TÉMOIN. — Oui l'impératrice, pensait qu'il serait d'une bonne politique de rappeler les princes dont elle avait toujours regretté l'exil.

Sur une nouvelle demande de Me ALLOU le témoin ajoute : Je n'ai connu aucune pression du général Trochu, aucune répugnance de l'impératrice à son égard, mais j'ai vu une grande hésitation de la part du ministre de la guerre.

Me ALLOU. — Le témoin ne pourrait il pas donner quelques explications sur ces conciliabules dont on a parlé, qui auraient eu lieu entre le gouverneur de Paris et des membres de l'opposition extrême?

LE TÉMOIN. — J'ai été constamment chez le général Trochu par ordre de l'impératrice, après sa nomination comme gouverneur de Paris; je n'ai pas eu connaissance de ces faits; je le répète, je n'ai jamais eu le moindre soupçon contre sa loyauté et sa droiture.

Me ALLOU. — Je voudrais que le témoin précisât davantage. Il y avait à ce moment un grand mouvement de monde chez le gouverneur de Paris, beaucoup de députés, appartenant à toutes les nuances de la Chambre, se rendaient chez lui pour avoir des nouvelles, le témoin attribue-t-il ces visites à autre chose qu'à un sentiment de curiosité, à un désir d'avoir des nouvelles?

LE TÉMOIN. — Je le répète, je ne puis rien dire à cet égard, mais si j'avais un instant soupçonné les intentions du général Trochu, je me considérerais comme très-coupable, car c'est moi qui ai inspiré la confiance de l'impératrice.

Me LACHAUD. — A quelle heure, le 4 septembre, le témoin a-t-il rencontré le général Schmitz?

LE TÉMOIN. — A trois heures, lorsque l'impératrice était sur les marches des Tuileries, résistant à partir, nous l'entraînions; on m'informa que la grille du pont des

Saints-Pères était entourée par une foule menaçante, j'y courus, et, en effet, la grille eût cédé, sans un piquet de la garde nationale qui passait à ce moment sur le quai; alors ces braves gens se mirent contre la grille et empêchèrent qu'elle ne fût forcée en criant : « Vive la France! vive l'ordre! »

Je leur dis : « L'impératrice est partie ; elle est partie depuis une heure. » Elle était encore là, mais je voulais éviter à tout prix que du sang français fût versé pour elle sous ses yeux. A ce moment, j'ai aperçu le général Schmitz ; je lui criai : « Dites à cette foule qu'elle est partie depuis une heure, et qu'elle se disperse. » Quand j'ai vu que la foule se dispersait, que la garde nationale faisait son devoir,—il y avait aussi dans la cour un bataillon de chasseurs à pied, —j'ai couru alors pour voir où était l'impératrice, et j'ai appris d'un domestique qu'elle avait pu continuer sa retraite.

Me ALLOU. — Depuis le 4 septembre. Le témoin n'a-t-il pas continué à voir le général Trochu?

LE TÉMOIN. — Parfaitement, je dois rappeler un des derniers mots de l'impératrice : « Je devais, a-t-elle dit, me consacrer sans repos au service du pays, j'ai mis dans le général Trochu mon plus ferme espoir pour repousser l'étranger et sauver la capitale.

M. BERTHAULD, général de division à Courbevoie. --J'étais au camp de Châlons comme commandant de la garde mobile. L'empereur, dans un Conseil de guerre, me demanda ce que je pensais du camp de Châlons au point de vue de la défense et de l'attitude de la garde mobile, en cas d'attaque de la part de l'ennemi : Je dis à l'empereur, le camp de Châlons n'est qu'un camp de manœuvre, il peut être enveloppé de tous côtés, et que, d'ailleurs, la garde mobile de la Seine n'avait pas encore été instruite suffisamment pour être engagée en rase campagne.

Il n'y avait que trois bataillons. D'abord, ceux qui avaient été envoyés à Langres, à Besançon et à Montbelliard, pour les autres ils ne furent armés qu'au camp de Saint-Maur. Même le 26 ou 27 août, il y avait encore six bataillons non armés.

Je dis à l'empereur, il y a quelques positions qui sont

bonnes si on veut les fortifier, dans ces conditions je réponds de la garde mobile.

Je proposais d'envoyer ces bataillons dans les places du Nord.

L'empereur alors décida que la garde mobile devait être envoyée à Paris, que c'était là sa place, pour défendre ses foyers.

Cette question a été décidée là à la fin de la conférence.

L'empereur devait retourner à Paris; il dit : « Ainsi, j'ai trois décrets à signer, la nomination du maréchal Mac-Mahon, celle du général Trochu comme gouverneur de Paris, enfin un troisième décret pour faire rentrer la garde mobile à Paris.

Je dis à l'empereur : « Un décret est inutile pour ce retour de la garde mobile, un simple ordre suffit. » L'empereur dit : « C'est juste. »

Me ALLOU. — Je croyais avoir lu dans une brochure de M. le général de Palikao que tous les mobiles étaient armés?

LE TÉMOIN. — Il n'y avait que trois bataillons armés de chassepots.

Me ALLOU. — Représentant une force? — R. De deux mille cinq cents hommes. Pour les autres, les armes m'ont été annoncées de Paris; mais elles n'étaient pas encore distribuées quand les troupes sont revenues à Paris.

Me ALLOU. — *Le Figaro* présente le général Trochu revenant avec une armée de dix huit mille prétoriens. Ainsi, d'après le témoin, c'est bien l'empereur lui-même qui a donné ordre de ce retour au chef très-distingué de la garde mobile?

LE TÉMOIN. — Oui.

Me LACHAUD. — Je prie M. le président de faire revenir le général Palikao.

M. le général PALIKAO. — Les armes ont été mises en caisses et renvoyées à Châlons. Je dois avoir une lettre m'en accusant réception. Un ordre verbal de l'empereur ne pouvait suffire à M. le général Berthault : Il lui fallait un ordre écrit pour ramener ces mobiles à Paris : Voilà pourquoi j'avais refusé de les recevoir.

M. BERTHAULT. — L'empereur a dit que si les mobiles devaient se battre derrière des retranchements, ils se battraient mieux pour défendre leurs foyers et qu'ils devaient retourner à Paris.

Me LACHAUD. — Mais M. le maréchal Mac-Mahon nous a dit que M. Trochu avait fait de se retour des mobiles une condition *sine quâ non* de son acceptation ! Cela reste acquis.

M. le général PALIKAO (sur interpellation). — Mes relations avec le général Trochu remontent à 1866, époque où l'empereur ordonna des conférences pour la loi sur la réforme de l'armée. Nous eûmes les mêmes sentiments sur plusieurs questions militaires, notamment sur la loi sur la dotation de l'armée, à laquelle j'étais hostile. Tout le monde savait que cette loi était l'œuvre de l'empereur. En sortant d'une conférence, le général Trochu me dit : « Mais, vous vous compromettez comme moi par cette hostilité. » Je lui répondis que, malgré cela, je serais contraire à cette loi, parce qu'il s'agissait d'une question de conscience.

Le 4 septembre, le général Trochu vint me voir le soir, alors que j'ignorais ce qui s'était passé. Il était alors cinq heures. Il me dit : « Je viens vous remplacer comme ministre de la guerre. » C'était une position militaire, et cela ne m'étonna pas.

Le soir même, je partis pour Namur. A Namur, débarrassé de mes préoccupations pour mon fils, je songeai à mes devoirs d'officier. J'écrivis à M. Trochu, que je croyais ministre, ce que je voulais faire, et j'employai les formules habituelles. Postérieurement, je sus par les journaux ce qui s'était passé. Quand j'ai dit que j'étais étonné que le gouverneur de Paris du matin fût le chef du gouvernement nouveau le soir, c'est parce que j'avais changé d'avis sur le général et je n'ai jamais eu depuis de communication verbale ou écrite avec le général Trochu.

Me ALLOU. — M. Berthault peut-il préciser comment l'ordre de ramener les mobiles à Paris a été donné par l'empereur ?

M. BERTHAULT. — La conférence a d'abord été appelée à statuer sur la question du retour de la garde mobile à Paris. Je ne sais si j'ai reçu un ordre écrit. Je n'ai jamais entendu parler de cette condition faite par le général Trochu.

Me MATHIEU. — M. le maréchal l'a entendu.

Me ALLOU. — M. le maréchal n'a pas pu l'entendre : il n'assistait pas encore à la conférence lorsque la question de la garde mobile a été agitée ; le vrai témoin est M. Berthault qui a reçu l'ordre de l'empereur lui-même.

On rappelle M. le maréchal Mac-Mahon qui dit : Je crois me rappeler que l'empereur ne désirait par le retour des mobiles à Paris ; on avait parlé de la révolte de ces mobiles au camp; d'insultes au maréchal Canrobert, de cris de vive la République.

L'empereur a notamment dit qu'il était indispensable que les bataillons de Belleville, Ménilmontant et Montmartre fussent envoyés dans le Nord et ne retournassent pas à Paris.

Me LACHAUD. — Vous avez dit que cette condition du retour à Paris avait été la condition *sine quâ non* de M. le général Trochu : Cela se retrouve dans votre déposition, dans l'enquête sur le 18 mars !

Me ALLOU. — Nous chercherons qui a été l'instigateur de cette idée, nous le trouverons !

M. Chevreau est rappelé, sur l'indication de M. le maréchal Mac-Mahon.

M. CHEVREAU. — Dans la nuit où le général Trochu a eu sa conversation avec l'impératrice, il a dit, je l'affirme sur l'honneur, qu'il ramenait les mobiles et qu'il avait confiance en eux et dans le courage et l'habileté de M. le général Berthault.

Me MATHIEU. — Mais la proclamation de M. le général Trochu dit formellement qu'il a lui-même demandé à l'empereur le rappel des mobiles !

M. BERTHAULT. — Lorsque les six premiers bataillons de mobiles sont arrivés, il n'y avait ni tentes ni paille, et j'avais écris pour que les tentes fussent dressées, prévenant les autorités qu'il ne s'agissait pas de troupes comme les autres. Rien cependant ne fut prêt, et les hommes manifestèrent leur mécontentement.

Il y eut du bruit, et M. le maréchal Canrobert vint sur les lieux. Le désordre augmenta, son autorité fut méconnue. Je demandai alors que les fauteurs de ces scènes blâmables passassent au Conseil de guerre. Mais il est très-important de faire observer que tout cela se passait au début, à un moment où j'étais encore à Paris, embarquant mes derniers bataillons. Dès que j'ai été au camp, tout cela a changé et ces scènes n'ont plus eu lieu. Quoi qu'on en dise, avec des formes, on arrive bien à commander les mobiles de la Seine, qui ont leurs qualités.

(Sur interpellation de Me Allou.) Je n'ai pas vu le général Trochu embrasser l'empereur lorsqu'il l'a quitté à Châlons.

M. SCHMITZ, général de brigade.— Arrivé de Toulouse à Paris où je fus appelé par M. le général Palikao; j'appris que M. le général Trochu venait d'être nommé commandant du 12e corps. Il me demanda pour son chef d'état-major. Il me donna l'ordre d'aller le précéder de vingt-quatre heures, afin de m'assurer de la valeur des troupes formant ce corps d'armée. Je partis le 15 août. J'arrivai au camp de Châlons où je fus douloureusement frappé du spectacle que j'y vis.

Chaque train y jetait des débris de corps battus à Reischoffen : les arrivages de troupes débordaient les ressources. Le général Berthault croyait la situation intolérable. Je voulais écrire au général Trochu, lorsque, le soir, je reçus une dépêche très honorable de M. le comte de Palikao, me demandant un avis sur un mouvement de retraite du général Delinières. Je lui télégraphiai que le camp était menacé; qu'il contenait des éléments de désordre considérables; que la situation n'était pas tenable.

Le 16 août, vers deux heures ou deux heures et demie, j'étais au quartier général quand on m'avisa de l'arrivée de l'empereur pour le soir. Dans la soirée, je voulus voir M. le prince Napoléon, et nous tombâmes d'accord que la situation était grave. Je lui dis que le général Trochu serait au camp le soir. Il me raconta que l'empereur avait failli être enlevé. Le lendemain, M. le général Trochu arriva dès sept heures. Nous allâmes avec le prince Napoléon chez l'empereur où se trouvait M. Berthault, et où vint plus tard M. le maréchal Mac-Mahon. M. Berthault développa un thème très-vif pour ses ouailles, soutenant que la garde mobile ne pouvait encore aller au feu en rase campagne.

L'empereur, après une discussion, convint de faire retourner la garde mobile sur Paris, disant qu'il était juste qu'elle allât à Paris. Le général Berthault sortit et donna de suite des ordres. Le prince Napoléon parla alors de la situation générale de l'armée et de celle de Paris. Je me permis de me lever et de dire à l'empereur que la situation était déplorable; que le salut de la France était dans Paris, et qu'il fallait prendre le général Trochu. Rentrez à Paris demain matin, et nommez le général Trochu gouverneur de Paris. Que les Parisiens, en se réveillant, apprennent que l'empereur est à Paris, et le général Trochu gouverneur. Le prince Napoléon fut d'avis de retourner à Paris, disant qu'il suffisait à l'empereur de nommer le général Trochu; « car, dit-il, si nous tombons, il faut tomber comme des hommes. »

L'empereur dit : J'ai donc trois décrets à signer : le premier, nommant M. Trochu ; gouverneur de Paris le deuxième nommant le maréchal Mac-Mahon commandant de l'armée de Châlons; le troisième, sur le retour des mobiles à Paris. Le général Berthault dit alors que le troisième décret était inutile, qu'il suffisait d'un ordre : il reçut de suite cet ordre.

Il n'y a pas eu de mouvement d'embrassade et autres, car l'empereur devait partir le lendemain avec nous, puisqu'il était alors convenu qu'il retournait à Paris. La question de la garde mobile a été agitée dans le conseil avant la nomination du gouverneur de Paris. Le général Trochu n'a évidemment pas parlé à l'empereur dans cette réunion de son désir de ramener la garde nationale mobile à Paris.

Au sortir de l'entrevue, le général Trochu me lut la proclamation qu'il venait de faire. Il ne s'y trouvait pas que l'empereur l'avait nommé. Je le lui fis observer, et il ajouta cette phrase : « L'empereur m'a nommé gouverneur de Paris. »

Je connais la conversation entre l'impératrice et M. le général Trochu, mais je n'y ai pas assisté; je suis resté dans un salon d'attente. On a fait passer la proclamation modifiée à un aide de camp.

J'ai remarqué l'hostilité sourde de M. Palikao et de M. le général Trochu; la situation de ce dernier a été désagréable pour le ministre. Mon impression fut douloureuse de voir des hommes aussi éminents dans une pareille situation.

Me ALLOU. — Je demanderai au témoin s'il a eu connaissance de ces conciliabules dont on a parlé dans *le Figaro* entre le général Trochu et des membres de l'extrême gauche.

LE TÉMOIN. — Je suis embarrassé; on appelle conférence et conciliabule une réunion projetée entre divers individus, il n'y en a jamais eu; d'ailleurs, l'hôtel du gouverneur était une espèce de champ de foire à ce moment, on y voyait des personnages de toute nuance, depuis des légitimistes jusqu'à M. Gambetta, les uns entraient à droite, les autres à gauche, on entrait de tous les côtés chez le gouverneur, chacun venait aux nouvelles, on ne pouvait se passer de ce qui se disait là, en allant à la Chambre, en en revenant, les députés venaient pour s'informer, on m'interrogeait, on me faisait les questions les plus singulières.

Me ALLOU. — Je demanderai au témoin de dire à MM. les jurés dans quelles circonstances il a été envoyé auprès de l'impératrice.

LE TÉMOIN. — Voici : le général Le Breton est arrivé au Gouvernement; il nous a dit la Chambre est envahie. Où est donc Trochu! où est donc Trochu? Le général Trochu me dit, trois ou quatre minutes après, Schmitz, il faut partir et aller chez l'impératrice, moi, je vais me rendre au Corps législatif, c'est là qu'est le danger.

Immédiatement je partis à pied, et je frappai à la grille du Carrousel; elle était fermée. Il y avait là une foule considérable, une émeute qui avait un volume immense; le quai était couvert de monde. Au moment où j'arrivai devant cette grille, je vis, dans la cour du Carrousel l'amiral Jurien de la Gravière; il me tendit son bras à travers les grilles, et il me dit : « Mon cher, ce n'est pas la peine d'entrer; l'impératrice est partie. » Je me dis en moi-même : c'est heureux, et cependant ce départ m'étonnait.

Alors, je fis une allocution à la foule. Je lui dis :

« Vous êtes des citoyens de Paris, vous voulez l'ordre. » Et alors les gardes nationaux me répondirent : « Oui, le règne de la loi va commencer, nous allons garder les portes, personne n'entrera ici. » Je pensais que l'impératrice avait pu sortir des Tuileries, alors j'entrai au gouvernement.

Il y avait autour du Louvre et des Tuileries une foule peu hostile, mais très-exaltée. Le général Trochu arrive, il me dit : « J'ai voulu aller à la Chambre, ça m'a été impossible; c'est une véritable révolution, et il posa son képi sur la table; je lui tins ce langage : Mon général, nous sommes dans une situation singulière; il n'y a qu'un homme qui puisse sauver le pays, nous sommes en présence de la révolution et de l'ennemi.

Quant à la révolution, c'est un accident; on s'en débrouillera. La révolution, il faut aller au devant d'elle; il faut l'aller chercher vous-même et lui imprimer une rotation telle qu'on l'enraye. Autrement, avant un quart d'heure, le drapeau rouge flottera sur le pignon de l'Hôtel-de Ville. Le général se leva et, me quittant, il me dit : « Eh bien! je pars; je vais aller faire le Lamartine là-bas. » (Vive sensation.)

Me LACHAUD. — Je demanderai au général Schmitz l'heure à laquelle il a rencontré l'amiral Jurien de la Gravière à la grille du Carrousel.

LE TÉMOIN. — Il était trois heures trente-sept ou trente-huit minutes. (Rires.)

Me LACHAUD. — C'est un détail très-important, sur lequel nous sommes d'accord, et cette heure est très-exacte. Je la reçois très-scrupuleusement.

Me ALLOU. — Lorsque M. Steenackers est venu chercher le général, il est sorti en bourgeois?

LE TÉMOIN. — Certainement, en bourgeois; en uniforme, c'eût été impossible.

Me ALLOU. — Quand le général Schmitz a-t-il revu le général Trochu?

Général SCHMITZ. — Le soir.

Me ALLOU. — Ainsi, le général Trochu est revenu en habits bourgeois?

LE TÉMOIN. — Oui.

Me ALLOU. — Ainsi on n'aurait pu voir le général à

cheval, en uniforme à la tête d'une bande de mobiles, à cinq heures ou à quatre heures.

Me LACHAUD. — Nous fixerons cette heure et beaucoup plus tôt, c'est à trois heures et demie. Nous savons à quelle heure il a rencontré M. Jules Favre et d'autres députés.

Me ALLOU. — Je tiens à établir que le général n'est monté à cheval qu'une fois, qu'une seule fois, il était en uniforme. (Au témoin.) Quelle direction a suivi le général ?

LE TÉMOIN. — Je n'en sais rien.

Me ALLOU. — Le témoin a-t-il eu connaissance de discours que le général aurait tenu à la foule, à propos du mobile blessé, a-t-il eu connaissance de ces acclamations de la foule et de discours vraiment révolutionnaires tenus par le général ?

LE TÉMOIN. — Je ne connais pas ce fait là.

Me ALLOU. — Mais vous étiez là au moment où l'on dit que ces faits se sont passés, et vous auriez vu cette scène. Si la scène fût arrivée, elle vous aurait frappé.

LE TÉMOIN. — J'ai vu tant de scènes depuis ; et quand on nous a amené le général Ambert, et quand on nous a amené le maréchal Vaillant !

Me ALLOU. — Une autre question à adresser au témoin. Comment a été résolue l'expédition de Buzenval ?

LE TÉMOIN. — On s'était préparé d'abord pour une expédition sur Châtillon ; elle avait eté proposée par le général Chabaud Latour. J'étais opposé à ce projet, je dois le dire. « Où mettre les soixante mille hommes à faire sortir ? ils seraient écrasés, » me disais je. Le général Chabaud-Latour soutint son projet ; alors je préparai le projet d'attaque sur Châtillon. Nous croyions que l'attaque allait avoir lieu immédiatement, lorsque le général Vinoy vint nous dire : « Mais il y a un embarras : il y a un collaborateur qui trouve le projet irréalisable et qui désirerait ne pas s'y associer. »

C'était aux premiers jours de janvier ; en présence non pas de ce refus, mais de ce sentiment, le général Vinoy dit voilà une affaire qui ne se présente pas bien ; vous devriez réunir les généraux. Je dis : c'est bien, nous allons réunir demain les généraux pour les consulter sur l'indispensabilité de faire cet effort.

Nous convoquâmes le lendemain 28 généraux, le général Paturel, le général Bellemar, le général Vinoy, etc.

La conférence commença vivement, le général Trochu apostropha vivement le général en question.

Le général Le Flô s'emporta aussi, mais on ne put faire revenir le général en question de son opinion. Il dit : « Je le ferai, mais je suis obligé de protester, pour mettre ma responsabilité à couvert. » Le général Trochu fit une allocution excessivement vive; alors, le général Berthault dit : « J'aimerais beaucoup mieux une expédition sur Buzenval; c'était mon rêve, une expédition de ce côté. »

Je développai mon plan, je dis : « De ce côté, on est protégé à droite et à gauche par la Seine, et si on peut monter à la Bergerie, on arrive aux Buttards, on arrive à Versailles.

Je dis que c'était une grande opération militaire, mais que je ne répondais pas de la réussite ; je dis, il ne s'agit pas de céder à l'opinion publique; mais enfin, nous sommes en présence des Prussiens qui veulent rançonner la ville ; il faut faire un effort.

Nous avons armé, organisé la garde nationale, et vous ne voulez pas que ces hommes fassent un effort. Mon discours fit une impression très-vive, et le soir je vis dans les journaux que l'expédition sur Châtillon était abandonnée parce que le général Schmitz avait trahi le secret.

Sur la demande de Me Lachaud, M. Pietri est rappelé.

M. PIETRI. — J'ai rapporté hier la plus exacte vérité. Je n'ai pas assisté à la réunion des Tuileries, mais j'ai consulté mes collaborateurs. Le secrétaire général de la préfecture a confirmé de tous points les faits dont j'ai déposé, et il m'a confirmé ces faits dans une lettre dont voici la substance.

Je l'ai prié de recueillir lui-même ses propres souvenirs. Il m'a raconté que dans la nuit du 3 au 4 septembre, pendant que nous étions à travailler pour le maintien de l'ordre à la Préfecture, des rapports de police arrivaient, signalant que des bandes s'étaient présentées chez le général Trochu, qu'une députation avait demandé à être entendue; que, comme un garde mobile avait une égratignure à l'oreille, la foule s'était plainte de la brutalité de la police; que le gouverneur avait répondu que cette brutalité ne se renouvellerait pas, que d'ailleurs le peuple serait armé et qu'il ferait lui-même sa police.

Me ALLOU. — Le général Schmitz pourrait dire ce qu'a d'étrange le langage qu'on met dans la bouche du général Trochu.

LE TÉMOIN. — C'est un rapport de police absolument mensonger (Murmures d'approbation dans une partie de la salle.), comme il y en a tant, d'ailleurs. Bien entendu, je ne suspecte pas la bonne foi de M. Pietri. Mais le rapport qu'on lui a fait n'est pas exact; j'en ris. Je serais bien étonné que le général Trochu eût tenu ce langage.

Il n'y avait pas homme plus en vue que lui à Paris. Chaque jour on venait lui dire : « Mais c'est abominable, le préfet de police fait casser les têtes par ses agents! » Un jour, je me rappelle, M. Tirard, qui n'était pas si connu alors, vint dire au général : « Le préfet de police fait donner au peuple des coups de casse-tête, des coups de bâtons! » Et comme je disais à M. Tirard, mais M. Pietri est un homme très-loyal, M. Tirard me répondit : « C'est abominable! »

Général SCHMITZ. — Oui, M. Piétri nomma M. Pollet comme commissaire de police attaché au gouvernement de Paris. J'ai fini, je n'ai qu'un mot à ajouter. J'ai servi l'empereur comme officier d'ordonnance; je lui étais attaché, je le dis, malgré les malheurs de mon pays; mais je dois protester de toutes mes forces contre les imputations de trahison dirigées contre le général Trochu. Elles sont absolument fausses. J'ai vécu dans son intimité; ses actes, j'ai pu les recueillir et les observer; et si j'avais pu voir dans sa conduite un agissement de la nature de ceux qu'on lui reproche, je ne serais pas ici son témoin, il y a longtemps que je serais son accusateur. (Sensation.)

Après une suspension d'une demi-heure, l'audience est reprise à deux heures et demie.

Me LACHAUD. — Je voudrais éclaircir un fait; à quatre heures est sorti M. le général Trochu en uniforme. e désirerais qu'on entendît M. Busson-Billault sur ce point.

M. BUSSON-BILLAULT. — Je venais de quitter l'impératrice, il était aux environs de trois heures et demie, ne pouvant rentrer à la Chambre, je montai chez moi pour envoyer une dépêche en province à ma famille, j'ai entendu dans la rue une grande clameur, je me suis mis à la fenêtre, j'ai vu alors le général Trochu dont je connais les traits depuis douze ans, je l'ai vu avec son état-major à cheval, suivi d'un groupe de gardes mobiles.

Ils criaient : « Vive le général Trochu ! vive la République ! » le général Trochu saluait la foule.

J'ai vu ce cortége tourner et prendre la rue Castiglione, j'en éprouvais une bien douloureuse impression, et quand je repris mon poste de député, me trouvant avec mes collègues, je leur ai raconté cette scène. Je l'ai racontée à M.Talhouet et à M. Alfred Leroux. D'ailleurs, j'ajoute que je sais qu'il y a dans l'auditoire des personnes qui ont vu passer le général.

Me LACHAUD. — Pourriez-vous dire leurs noms ?

M. BUSSON-BILLAULT. — Je l'ai entendu dire par M. Wachter, qui était chef d'état-major de la garde mobile

Me LACHAUD. — C'est un homme fort honorable ; en vertu du pouvoir discrétionnaire de M. le président, je désirerais qu'il fût entendu.

M. WACHTER (en vertu du pouvoir discrétionnaire), quarante-six ans, homme de lettres, ancien chef d'état-major de la garde mobile.

On me dit le 4 septembre, M. le général Trochu est sorti en bourgeois vers trois heures et demie. Je dis « Il y a erreur, à trois heures et demie.

Le général Berthault, très inquiet au camp de Saint-Maur, comme nous l'étions tous, m'a donné l'ordre de quitter le camp de Saint-Maur et de venir prendre les ordres du gouverneur de Paris. J'arrivai à son hôtel ; je trouvai le général Schmitz et je lui dis : « Nous sommes très-inquiets au camp de Saint-Maur ; je viens prendre les ordres du gouverneur. » Le général Schmitz me dit : « Je ne puis vous donner d'ordre, attendez ; l'impératrice fait ses préparatifs de départ. » Je suis entré dans la cour du

Louvre; j'attendis sur le perron. Je vis alors le gouverneur de Paris monter à cheval, en tenue. Il y avait avec lui un capitaine du train; il est sorti avec lui. Ils ont pris la rue de Rivoli; je ne les ai pas suivis. C'est au moment où l'impératrice sortait des Tuileries.

Le général TROCHU. — C'est la vérité.

Me ALLOU. — Tout cela est subordonné à l'heure du départ de l'impératrice. M. Busson Billault dit trois heures et demie. M. Jurien de la Gravière dit quatre heures, il est incontestable que M. Trochu est sorti pour aller à la Chambre, à cheval, qu'il a pris le pont de Solférino, qu'il est revenu après avoir rencontré M. Fabre, mais après le retour de la Chambre, le général n'est pas sorti, de nouveau, en uniforme, et il n'a été à l'Hôtel-de-Ville que quand il a su l'impératrice partie, et quand il a eu vu s'abaisser le drapeau qui flottait sur les Tuileries, ce qui indiquait le départ de l'impératrice.

Me LACHAUD. — Il était de trois heures et demie à quatre heures. C'est l'heure indiquée par M. Busson-Billault, dont l'appartement est en face des Tuileries.

M. BUSSON. — Près de la rue de l'Echelle.

M. WACHTER. — Quant au fait des gardes mobiles, des rapports de police nous sont arrivés. J'ai été à l'état-major, j'ai demandé des renseignements, j'ai su que le général Trochu était très-ennuyé de tous ces mouvements, qu'il ne cherchait qu'à s'en débarrasser, qu'une fois il les a adressés à M. d'Erisole.

M. le général TROCHU. — Ce n'était pas le 3 septembre.

Me LACHAUD. — M. le président, ayez la bonté, je vous prie, de rappeler M. Rouher.

Me ALLOU. — Ne mêlons pas deux questions. Il y a confusion; cette confusion vient de l'heure du départ vraie de l'impératrice. Il y a l'heure où elle a quitté les Tuileries; il y a le moment où l'impératrice était censée déjà partie; je demande que M. l'amiral de la Gravière soit rappelé pour préciser ce point.

Me LACHAUD. — Je demanderai alors à Me Allou à quelle heure il place le départ du général Trochu pour aller à la Chambre.

Me ALLOU. — Vous allez entendre les officiers d'état-major ; vous aurez les renseignements les plus exacts sur ce point.

Me LACHAUD. — Je demande à ce que M. Rouher soit rappelé.

M. ROUHER. — Le 3 septembre, j'ai reçu la visite d'une personne considérable, émue de ce qui se passait à l'hôtel du gouverneur, devant lequel on criait : « Vive la République. » J'ai été au Corps législatif afin de savoir quelles mesures devaient être prises par M. le ministre de la guerre, si on envahissait le Corps législatif. Dans cette soirée, de dix à onze heures, il y a eu des manifestations révolutionnaires devant l'hôtel du gouverneur ; on a même crié : « La déchéance. »

Le 3 septembre, j'ai eu à dîner un commandant de mobiles et je lui demandais des nouvelles de ses troupes. Il avait des appréhensions douloureuses.

LAIR, sous-directeur des Entrepôts et Magasins généraux, capitaine de la garde nationale mobile, attaché à l'état-major du général Trochu.

J'ai été avec le général Trochu depuis le 18 août ; il n'y a jamais eu de réunion politique au Louvre. Le matin, il recevait des officiers, puis faisait une visite aux forts. Vers une heure, les députés venaient demander des nouvelles. J'y ai vu une fois M. Jules Favre pour une pétition.

A six heures, on a su, le 3 septembre, le désastre de Sedan. Il y avait foule devant l'hôtel, criant : « Vive Trochu ! Trochu dictateur ! » Le général, en ce moment, est rentré en voiture sans être reconnu. Vers neuf heures, la manifestation est devenue si violente que, pour la calmer, on a dû lui demander d'envoyer des délégués. Il est entré dix ou quinze personnes, dont plusieurs officiers de la garde nationale, voulant que le général Trochu fût dictateur ; ces délégués étaient très-excités.

Le général a répondu qu'il n'entendait pas se laisser dicter de conditions. Le général a ensuite parlé de la défense de Paris ? Quelqu'un a dit que l'on ferait une manifestation en armes à cause d'un blessé. Le général a répondu que ce serait dangereux et que le sang pourrait couler parce que les officiers avaient des ordres.

Dans la journée du 4 septembre, le général Trochu,

vers deux heures ou deux heures et demie, est sorti; il a été séparé d'un de ses officiers. La foule est entrée aux Tuileries, les voltigeurs se sont retirés. L'amiral Jurien de la Gravière a dit que l'impératrice était partie.

Le général est sorti par la rue de Rivoli, a pris le guichet des Tuileries et est entré place du Carrousel : il n'a pas du tout pris la rue Castiglione.

Vers le 5 ou le 6 janvier, le préfet de police était préoccupé de l'affiche rouge, signée de noms connus sous la Commune, placardée à Belleville et à Ménilmontant. Le préfet de police a demandé une proclamation pour calmer cette effervescence. Il est sorti du cabinet du général emportant une proclamation finissant par ces mots : « Le gouverneur ne capitulera pas ! »

Beaucoup de lettres et de gens disaient que le gouvernement négociait et voulait capituler; la fin de la proclamation répondait à ce bruit.

Le général Trochu n'a pas donné sa démission : on a exigé le départ du général Trochu.

M. BRUNET, capitaine d'état-major à Versailles.—Il n'y a eu aucun conciliabule ni aucune réunion quelconque au Louvre. Des personnes de toute espèce venaient au cabinet. Il y avait des députés nombreux à l'heure de la Chambre.

Le 3 septembre au soir, vers sept heures, il y avait une foule plus inquiète qu'hostile, criant : « Vive Trochu! la déchéance ! » Le général les a calmé, disant qu'un bouleversement politique serait un malheur de plus.

Voici les paroles adressées par le général Trochu aux officiers de son entourage le 4 septembre, lors de sa nomination : « Vous êtes mes amis, mariés, père de famille, je me précipite dans un gouffre : à tous les malheurs s'ajoute une catastrophe et la démagogie est derrière nous : je vous donne les moyens honorables de vous retirer ; quittez-moi, si vous le désirez. » J'étais dans le cabinet quand M. Lebreton est venu en qualité de questeur demander le concours du gouverneur de Paris.

Le général Trochu a répondu : « Je n'ai pas de troupes, mais vous êtes questeur, et je suis prêt à mettre ma personne et celle de mes officiers à la disposition de l'Assemblée.

Le général se disposa à monter à cheval. Nous eûmes une difficulté extrême pour arriver à nos chevaux, qui, bientôt affolés de terreur, se cabrèrent, et moi-même je foulai une femme aux pieds. Je fus alors blessé par un coup de baïonnette d'un garde national.

Enfin, arrivé au guichet du pont des Saints-Pères, le général Trochu prit les devants, bientôt nous fûmes dans l'impossibilité absolue de faire marcher nos chevaux ; je ne saurais préciser l'heure du départ du Louvre.

Le général est rentré au Louvre et là, il s'est changé et est allé à l'Hôtel de-Ville. Depuis que le drapeau des Tuileries s'est abattu, le général ne s'est pas remis en uniforme et il n'a mis son uniforme qu'une seule fois, je puis l'affirmer.

M. SOUMAIN, général de division du cadre de réserve.

Me ALLOU. — Je demanderai au témoin de dire qu'elles étaient, dans les derniers jours, les relations du gouverneur de Paris avec le gouvernement, avec le ministre de la guerre, si elles n'étaient pas tendues et enfin si à la dernière heure le gouverneur de Paris n'était pas mis, par le ministre de la guerre, par le gouvernement, dans une sorte de quarantaine, d'isolement, de séquestration? Le général Soumain peut donner des renseignements précis sur ce point. Il a même sans doute des pièces qui constatent ces rapports.

Général SOUMAIN. — Le 3 septembre, dans la prévision des troubles, je pris, sur l'ordre du ministre de la guerre, les dispositions nécessaires pour protéger le Corps législatif; je crus devoir en informer le gouverneur de Paris. Je devais recevoir les ordres par le gouverneur; je lui écrivis une lettre. Je possède la lettre de la main du ministre de la guerre, qui me dit de n'agir que sur ses ordres et de ne recevoir d'ordre que de lui.

Me ALLOU. — Je demanderai que cette lettre soit déposée sur la barre de la Cour.

M. LE PRÉSIDENT, à l'audiencier. — Faites-nous passer cette lettre.

M. le président, après l'avoir parcourue, la fait présenter à M. le général comte de Palikao.

M. le comte de PALIKAO. — Je la connais, je ne l'ai pas niée.

L'huissier reporte la lettre à la Cour.

M. le comte de PALIKO. — Veuillez me la communiquer encore un instant.

Le général prend connaissance de cette lettre.

M. LE PRÉSIDENT. — Je vais la lire en vertu de mon pouvoir discrétionnaire.

Voici cette lettre adressée à M. le général Soumain :

« Mon cher général,

» Je sais d'une source certaine, qu'une manifestation se prépare pour ce soir dans Paris.

» Cette affaire étant entièrement en dehors de la défense de Paris, veuillez me faire savoir directement les mesures que vous avez prises pour assurer la tranquillité publique; vous recevrez également mes ordres directs pour la répression des désordres s'il s'en produit.

» Le général Mellinet sera également prévenu par moi qu'il sera à votre disposition avec les dépôts de la garde.

» Agréez, mon cher général, la nouvelle assurance de mes sentiments affectueux et de haute considération.

» Le ministre de la guerre,

» Comte DE PALIKAO. »

A M. le général commandant la 1re division de la place de Paris.

Me ALLOU. — De même que les mesures pour la défense du Corps législatif étaient prises en dehors du gouverneur, de même, il en était de celles prises pour la défense des Tuileries.

Me LACHAUD. — N'est-ce pas le 3 septembre, pour la première fois, que M. Soumain a reçu les ordres directs du ministre de la guerre?

LE TÉMOIN. — Le 14 août, j'ai pris le commandement, le maréchal Baraguay-d'Hilliers quittant le grand commandement; en prenant ce commandement, j'ai suivi les mêmes errements qu'avaient suivi les maréchaux qui m'avaient précédé, et j'ai communiqué, pour tous les détails de service, avec le ministre; après la nomination du gouverneur de Paris, il n'a rien été changé à l'ordre du service, et tout ce qui regardait la justice, le recrutee ment, la police, la discipline, était envoyé au ministre de la guerre.

Me ALLOU. — Est-ce que cette situation n'était pas en dehors des règlements militaires?

LE TÉMOIN. — Oui, ceci s'est régularisé plus tard. Mais, dès le début, j'opérais comme avaient opéré les maréchaux qui m'avaient précédé. D'ailleurs, il n'y avait pas encore d'instructions, les attributions du gouverneur n'étaient pas parfaitement indiquées et déterminées.

Me LACHAUD. — Je demanderai que M. le général Palikao fût rappelé et s'expliquât sur les circonstances dans lesquelles cette lettre a été écrite au général Soumain; je lui demanderai dans quelles circonstances, le 3 septembre, il a adressé cette lettre au général Soumain, et si le motif de cette lettre n'a pas été précisément le silence de M. le général Trochu.

M. le comte DE PALIKAO. — Je demanderai au général Soumain si jamais je lui ai adressé de lettres, ou s'il m'en a adressé avant le 3 septembre.

LE TÉMOIN. — Non, mais je recevais du ministère toute la correspondance, tous les ordres de service.

M. le général DE PALIKAO. — Je demanderai ensuite au général Soumain : Quelle heure était-il quand, le 3 septembre, il a adressé ma lettre au gouverneur de Paris?

Le général SOUMAIN. — Je ne me rappelle pas l'heure; c'est avant deux heures, c'est ce que je puis me rappeler.

Le général DE PALIKAO. — M. le général Trochu a dit qu'il n'avait trouvé cette lettre chez lui qu'à huit heures du soir; ce n'est pas étonnant, car il était toujours dehors, il dit qu'il allait visiter tous les forts et les approvisionnements, ce n'était pas sa mission.

M. le général Trochu m'a-t-il adressé une seule fois les rapports prescrits par le règlement de 1863? J'ai dû m'adresser à M. le général Soumain, au commandant de la place, qui était toujours à son poste.

M. LE PRÉSIDENT — Le général Soumain avait-il l'habitude d'adresser un rapport au gouverneur de Paris?

Le général SOUMAIN. — J'adressais des états de situation.

M. le général DE PALIKAO. — Lesquels portaient événements ?

M. le général SOUMAIN. — Non.

M. DE PALIKAO.— Alors vous étiez fautifs tous les deux. Votre situation devait porter sur les événements, et le général devait me l'adresser; car le règlement porte que, en cas de troubles, d'émeutes, le gouverneur doit informer immédiatement le ministre de la guerre des mesures qu'il a prises, de l'emplacement des troupes. Le commandant de la place devait son rapport à M. le général Trochu. M. le général Trochu me le devait à moi, ministre de la guerre.

Me ALLOU. — Mais, avant le 3 septembre, s'est-il passé des faits qui nécessitassent ces rapports ?

M. le général DE PALIKAO. — Tous les jours il y avait des rassemblements devant la Chambre.

Me ALLOU. — Mais les faits étaient-ils assez graves pour nécessiter ces rapports ?

M. le comte DE PALIKAO. — Le ministre de la guerre avait raison de demander ces rapports, il n'avait pas le temps de s'occuper de ce qui se passait dans tout Paris ; il fallait que les agents, ses subordonnés, le secondassent, et ils ne l'ont pas tous secondés ; et, je le répète, je reproche au général Trochu de ne m'avoir adressé aucun rapport.

Me ALLOU. — Mais ou les scènes étaient graves, et alors nous devons nous étonner que le ministre de la guerre n'ait pas demandé compte au gouverneur de Paris de ce silence, ou elles n'avaient aucune gravité, et l'absence de rapport n'a rien d'extraordinaire.

M. le général PALIKAO. — On ne devait pas attendre qu'elles ne dégénérassent en émeutes. Pendant ce temps là, le général Trochu faisait le tour des fortifications et allait visiter les approvisionnements.

Me LACHAUD.— Nier l'agitation qui s'est produite avant le 3 septembre, c'est nier l'évidence, nous vous lirons, messieurs les jurés, les appels quotidiens des journaux, les rendez-vous indiqués à la foule.

Me ALLOU. — Nous caractériserons aussi ces scènes.

Me LACHAUD. — Le gouverneur de Paris devait surveiller.

Le général comte DE PALIKAO. — Le préfet de police était d'ailleurs à la disposition du gouverneur de Paris.

Me ALLOU. — Je demanderai une dernière chose au général. N'était-ce pas une irrégularité de ne pas adresser de rapports au gouverneur?

Le général SOUMAIN. — Tous mes rapports, concernant les événements du jour, étaient envoyés tous les matins au ministre de la guerre. Je crois que c'était une irrégularité.

Le comte DE PALIKAO, au général Soumain, — Avais-je défendu au général de transmettre ces rapports au général Trochu?

Le général SOUMAIN. — Certainement non.

M. DE FRESLEAU DE MALROY, général de division, cinquante-huit ans. — J'étais chef d'état-major du 8e corps. Je recevais des ordres de service du général Soumain ou du général Trochu. Mes ordres venaient directement du ministère. Je n'ai pas à apprécier les relations entre le gouverneur et le ministère.

Je constate que les ordres ne passaient pas par le gouverneur. Souvent existe cette infraction à la hiérarchie : on doit dans ce cas obéir, dit le règlement, sauf à informer l'échelon hiérarchique qui a été omis.

Le 3 septembre, au matin, vers dix heures, en arrivant chez le général Soumain, il me communiqua un ordre du ministre relatif aux mesures à prendre pour l'ordre intérieur dont le gouverneur, disait-il, n'était pas chargé.

Le 4, nouvelle lettre du ministre qui, ne trouvant pas les mesures prises suffisantes, demandait l'emploi d'un régiment de gendarmerie.

Je ne peux pas dire exactement les forces qui se trouvaient à Paris en ce moment. Il y avait la force publique : gardes de Paris, la gendarmerie de la Seine, puis des dépôts, dans différents corps. C'est la force sédentaire de Paris non endivisionnée. Il y avait encore une division.

Le général Caussade commandait les forces au Corps législatif, et il a reçu des ordres directement du ministre de la guerre.

M. DE PALIKAO. — N'ayant pas vu le 3 M. le général Trochu, le lendemain j'ai été voir le général Soumain moi-même pour lui demander quelles mesures il avait prises. Il m'a dit que c'était les mêmes que la veille.

J'avais fait venir de Versailles le régiment de gendarmerie en formation à Versailles. Le général Vinoy, qui revenait à Paris, avait le reste des troupes sous ses ordres.

Le 13e corps, qui a fait cette belle retraite, a été formé des mêmes éléments que le 12e corps : c'étaient donc de bons soldats.

M. DE CHABAUD-LATOUR, général de division, soixante-huit ans. — (Sur interpellations). Mes souvenirs, sans être présents, sont assez nets, sur la question de la présidence du conseil de défense. Il y a eu à cet égard une lutte de courtoisie entre le maréchal Vaillant et le général Trochu. La présidence revenait de droit au maréchal. Il y a eu un grand esprit de déférence de la part du général Trochu envers le maréchal Vaillant.

Il n'y a eu que de la réprobation pour le mot de conseil de défaillance, qui a été prononcé, en effet, dans le conseil; car voici notre œuvre!

Nous avions demandé un an de vivres : on pouvait les avoir par le Havre, et on pouvait alors résister ! Nous avions demandé 3,000,000 kil. de poudre, un an de charbon et 300 paires de meules de la Ferté-sous-Jouarre.

L'amiral Rigault de Genouilly, M. Trochu, M. Thiers et moi, nous demandâmes à la marine des bouches de fort calibre. On en a envoyé d'abord 100, puis d'autres encore. Nous avons enfin demandé, M. Thiers, M. le général Trochu, M. Jérôme David et moi que l'armée du général Mac Mahon revînt sur Paris.

Nous aurions pu ne pas être vaincus. 140,000 hommes avec nos débris auraient fait une grande armée et la résistance de Paris, qui a fait quelque figure aux yeux de l'Europe, excepté chez nous, où nous nous déchirons les uns les autres, aurait pu se prolonger encore bien plus longtemps.

Le général Ducrot a fait des efforts surhumains. Les mêmes hommes qui, à Châtillon, n'ont pas tenu devant les Prussiens, plusieurs ne savaient pas encore manier un fusil, se faisaient tuer six semaines plus tard en faisant leur devoir.

A mon arrivée à Paris, je me suis mis à la disposition

du maréchal Lebœuf, qui m'a chargé de la direction de la défense de Paris. Je m'occupai d'organiser l'état des fortifications ; il y avait des lacunes prévues.

Six points furent désignés pour être fortifiés le plus tôt possible : Meudon, les Hautes-Bruyères, le Moulin-Saquet, Montretout et Châtillon. Mais dans la nuit du 7 au 8 août on apprit les désastres!

Nous fûmes appelés aux Tuileries, où l'impératrice nous tint un très noble langage : « Il ne s'agit pas de sauver l'empire, mais de sauver la France! »

Quelques jours après, grâce à l'état de siége, nous pûmes enfin nous emparer du terrain, et de suite nous nous mîmes au travail.

Le même jour, j'obtins de commencer les travaux des portes.

On travaillait ardemment à tous les travaux, lorsqu'arriva le 4 septembre et le bouleversement. Immédiatement mes ateliers furent désorganisés. J'avais 100,000 ouvriers, il me fallut huit jours pour les retrouver. Je trouvai déjà l'appui le plus ferme chez le général Trochu.

Quelques jours après, un arrêté ordonnait la fermeture des portes le matin et le soir. Les ateliers furent désertés à nouveau par les ouvriers que cela gênait. Je me plaignis et de suite l'arrêté fut rapporté.

On donna quelques jours après l'ordre de faire rentrer les vivres : c'était une excellente mesure ; mais alors les ouvriers ne trouvèrent plus de nourriture sur place et désertèrent à nouveau les ateliers. Ce nouveau défaut fut réparé de suite.

J'ai toujours trouvé chez M. le général Trochu le concours le plus empressé ; c'est grâce à son énergique volonté que j'ai obtenu de pouvoir imprimer toute la célérité aux travaux.

Si les redoutes avaient été achevées, si les redoutes avaient été reliées, l'occupation de ces positions aurait au moins préservé Paris du bombardement.

Le général a fait réoccuper à ma demande les redoutes des Hautes-Bruyères et du Moulin-Saquet : cela nous a permis ainsi de préserver une partie de Paris.

J'ai été toujours d'accord avec M. le gouverneur qui a toujours été porté à satisfaire à toutes mes demandes.

L'accord entre nous était d'autant plus grand, que le général Trochu avait conçu une opération qui me paraissait avoir quelque chance de succès : il s'agissait de prendre la vallée de la Seine, et d'y donner la main à une autre armée venant du dehors du côté de Sannois. Il fallait pour cela l'envoi de Rouen d'une armée de 80,000 hommes ; il y avait un ravitaillement préparé au Havre et l'opération pouvait réussir. Mais tout cela a été bouleversé par les nouvelles de la Loire : après le succès de Coulmiers, nous apprîmes les échecs. Les batailles de la Marne furent faites dans des conditions défavorables, mais inspirèrent à l'ennemi un certain respect de la solidité de l'armée de Paris.

M. KELLER, quarante-trois ans, député du Haut-Rhin. — Je connaissais M. le général Trochu. J'ai été le voir et lui demander des nouvelles de nos armées. Quand il fut gouverneur de Paris, je continuai à y aller. J'y vis des députés de toutes les nuances.

M. DE LA MONNERAYE, membre de l'Assemblée nationale. — J'ai été plusieurs fois chez le général Trochu avant et après le 4 septembre. J'y ai rencontré M. Keller, M. d'Andelarre et autres députés.

M. Jules FAVRE, soixante-trois ans, demeurant à Paris, rue d'Amsterdam, avocat à la Cour d'appel.

Me ALLOU. — Je demanderai au témoin de vouloir bien s'expliquer sur une contradiction qui semblerait exister entre ce que le général Trochu a dit qu'avant le 4 septembre il n'avait pas vu M. Jules Favre, et un passage d'un livre écrit par M. Jules Favre où il rend compte d'une entrevue qui aurait eu lieu chez le gouverneur de Paris avant le 4 septembre.

Voilà la première question que je désire adresser à M. Jules Favre ; la deuxième question est celle-ci : Dans quelle condition M. le général Trochu a quitté le gouvernement de l'Hôtel-de-Ville avant d'accepter de faire partie du gouvernement de la Défense nationale ?

M. JULES FAVRE. — Je n'ai pas à m'expliquer sur les causes qui ont pu effacer de l'esprit de M. le général Trochu le souvenir de ma visite chez lui avant le 4 septembre ; en disant qu'il ne m'avait pas vu avant cette époque, il a commis une erreur involontaire, mais facilement explicable. Je n'ai pas eu l'honneur de le voir seul.

Voici les circonstances dans lesquelles a eu lieu cette entrevue; vers le 20 août, comprenant la gravité des dangers qui menaçaient la France, nous voulûmes nous mettre en rapport avec M. le général Trochu qui, par sa réputation bien légitime de loyauté, devait nous inspirer une entière confiance. Je me suis entendu avec deux de mes collègues du Corps législatif auxquels vinrent s'adjoindre quatre ou cinq électeurs de Paris.

Je me suis rendu avec ces six ou sept personnes chez le général Trochu, après l'avoir prévenu et lui avoir demandé audience. Il nous avait dit qu'il nous ferait l'honneur de nous recevoir un matin. Le billet dans lequel on lui demandait audience ne nommait pas toutes les personnes qui devaient se présenter chez lui. Nous avons été reçus. Je vis le général Trochu. Je ne le connaissais pas personnellement, et je ne l'ai vu que cette fois avant le 4 septembre.

Le motif de notre visite était bien légitime. On s'attendait à un siége, car on connaissait les désastres de nos armées. Il était tout simple qu'on s'attendît à de nouveaux périls et qu'on cherchât à savoir ce que pensait le général Trochu.

On peut se rappeler qu'à cette époque il y avait une grande scission dans la population de Paris. Beaucoup affirmaient qu'ils ne se défendraient pas si l'empereur restait à la tête de l'armée, c'est pourquoi j'ai réclamé que l'empereur ne conservât pas le commandement des troupes. Je l'ai dit dans mon bureau au Corps législatif.

Je l'avais dit lorsque je blâmais la guerre. Je disais : Mais vous abandonnez le commandement à un homme incapable de conduire des armées. C'est sur ces sujets que je voulais interroger le général Trochu. J'étais accompagné, je me le rappelle, de MM. Tirard, Ferry, Picard, du docteur Montanier.

Sur la deuxième question, mes souvenirs sont moins fermes. Je me rappelle que le 4 septembre le général Trochu est venu à l'Hôtel-de-Ville; il a dit qu'il se rendait au ministère de la guerre, mais je ne me rappelle pas qu'il faisait de cette visite une condition d'acceptation de membre du nouveau gouvernement.

Je me rappelle qu'il a fait une déclaration, et que, à partir de ce moment, je l'ai considéré comme président du gouvernement qui venait de se constituer.

Je ne me rappelle que le fait général. Le gouverneur est venu à nous dans des conditions inutiles à rappeler, car elles sont bien connues aujourd'hui; il s'est rendu au ministère de la guerre.

M. le général USQUIN, 56 ans, attaché à l'état-major du gouverneur de Paris. — J'ai été attaché le 22 août à l'état-major du gouverneur de Paris. En dehors des heures de nuit, j'étais toujours à mon poste, et forcément j'ai vu ce qui se passait chez le gouverneur. Il était impossible que qui que ce fût entrât chez le général sans que nous le vissions, et jamais je n'ai vu entrer personne en dehors des officiers et des attachés militaires.

Quant à la sortie du genéral en uniforme, c'était le dimanche, vers midi et demi; j'aperçus des bataillons nombreux, plus ou moins armés, qui descendaient tous vers la place de la Concorde. J'en allai parler au général; il était déjà prévenu. Quelques moments après, il dit : « Il faut que nous marchions. » Et s'adressant à ses officiers, il dit : « Qui est-ce qui est prêt pour m'accompagner ? » Trois officiers montèrent à cheval et suivirent le général.

Nous vîmes passer le général, il sortit par la rue de Rivoli et tourna à gauche; nous aperçûmes par les fenêtres du Louvre son cortége qui se dirigeait vers le Corps législatif à travers le Carrousel, il était vers une heure ou deux heures. Nous le vîmes revenir au bout d'un temps assez long; il n'avait pas pu dépasser le quai à cause de la foule.

Quant aux rassemblements du 3 au soir, je n'étais pas au quartier à ce moment-là. Je n'ai rien vu.

Mᵉ ALLOU. — Enfin, il est certain que le général n'est sorti qu'une fois à cheval le 4 septembre.

LE TÉMOIN. — Ah! parfaitement, j'en suis bien sûr.

M. POLLET, commissaire de police. — J'ai été le 25 août mis à la disposition de M. le gouverneur. Il venait certaines personnes en voiture, dont je n'avais pas à m'inquiéter. J'ai appris les tumultes du dehors, j'en ai rendu compte; il est venu des députations, des groupes, je n'avais qu'à maintenir l'ordre.

Le 3 septembre au soir, il est venu une députation d'officiers de la garde nationale qui a été reçue. Un flot de population a demandé à entrer. On parlait d'un garde mobile ou fantôme de garde mobile blessé, disait-on. Le général est venu sur le perron, il a dit quelques mots de pacification. Le général a dit qu'on rendrait justice. On criait : « La déchéance ! vive la République ! »

La foule demandait toujours des armes. Dans une allocution, le général a dit : « La garde nationale sera armée. »

M. FOURICHON, vice-amiral. — J'ai retrouvé une lettre du général Trochu du 5 septembre, et j'ai désiré être cité pour en donner connaissance. En septembre, j'étais dans la mer du Nord pour bloquer les ports allemands. Rentré à Cherbourg le 15, j'allai à Tours : je ne sais rien de ce qui a eu lieu à Paris.

Il est donné lecture de cette lettre par M. le président en vertu de son pouvoir discrétionnaire : elle est ainsi conçue :

« Paris, le 5 septembre.

» Mon cher ami,

» Les événements se succèdent autour de nous, terribles et inévitables, créant à chacun de nous des périls et des devoirs qui passent toute prévision et toute proportion. Voilà comment, à la veille d'un siége qui sera sans précédent dans l'histoire des siéges, et que de grands efforts n'ont qu'incomplétement préparé, je me trouve à la tête d'un gouvernement républicain.

» Le sentiment unamime de ce gouvernement a été de vous appeler au ministère de la marine, bien avant que mon propre sentiment ne fût exprimé à ce sujet. Je ne comprends que trop la contrariété que vous en éprouverez; et Anna, apprenant l'événement, est venue me dire à ce sujet des choses que je savais à l'avance. Mais, cher ami, il n'est plus permis à aucun de nous de choisir la voie et le genre de fin qui nous conviendraient.

» Votre dévouement aux intérêts qui sont en péril, et je le crois aussi, votre dévouement à un vieil ami, dont vous éprouverez quelque satisfaction à partager la fortune, vous conduiront à courber la tête devant la destinée qu'il vous offre.

» Mille amitiés,

» TROCHU. »

Malgré mon regret de quitter l'escadre, ajoute le témoin, je dus accepter : celui qui me conviait était l'honneur dans la vie publique et la vertu dans la vie privée. Les attaques passionnées ou intéressées du procès actuel ne peuvent qu'effleurer une vieille amitié.

M. BRUNET, chef de bureau au ministère de l'intérieur. — A partir du 22 août, j'ai été attaché au cabinet du général Trochu. Je suivais les séances du Corps législatif. Avant et après ses séances, des députés, notamment du tiers-parti, venaient à l'hôtel du gouverneur.

Je ne sais si les cartes étaient permanentes, j'en doute fort. Le jour du 4 septembre, quand le Corps législatif s'est réuni dans ses bureaux, je suis sorti pour aller rendre compte au général. L'Assemblée n'était pas encore envahie : nous n'avons pu aller à l'hôtel. Nous sommes rentrés dans la tribune du président. Quand nous avons quitté le Corps législatif, nous avons pris le long de la berge.

J'ai aperçu le général et quelques officiers noyés dans la foule. J'ai essayé de m'approcher de lui, mais en vain. Je suis rentré à l'hôtel du gouverneur qui est rentré peu de temps après.

Le 3 septembre, le gouverneur rentrait d'une tournée ; il apprit la capitulation de Sedan. La foule était grande et voulait entrer; on lui a fait demander d'envoyer des délégués. On a reçu quinze individus fort animés.

Le gouverneur les a calmés et leur a demandé de ne pas faire de violences.

M. CRESSON, avocat, ancien préfet de police. — J'ai assisté à une partie du conseil de guerre tenu au commencement de janvier par le gouvernement. Le général Trochu, qui a résumé tout ce qui avait été fait, termina par un mot qui fit sensation : *le général Trochu ne capitulera pas*. « Voici une bonne parole, » dit un membre du gouvernement. Je me retirai très ému et glorieux de prendre part à des faits ayant un tel caractère de vigueur Quelques jours après je revis le général.

Les bruits de trahison du général Trochu et de son entourage étaient universels : les clubs et certaine presse répandaient ce bruit. Une femme dans un club avait même dit que le général Trochu serait assassiné par une bombe Orsini. Je lui signalai ces faits, le rendant attentif qu'il ne s'agissait plus de bruits de réunions publiques ou de la presse contre laquelle j'avais inutilement demandé à sévir, mais du bruit répandu dans la population : « Général, pourquoi ne pas répéter cette parole prononcée au conseil, et que vos collègues ont applaudi, » lui dis-je séance tenante. Nous fîmes une courte proclamation en trois lignes, le général Trochu, M. Riberro et moi.

M. VACHEROT, membre de l'Institut, député de Paris, maire du cinquième arrondissement. — Pendant le siége, j'ai eu occasion de voir et d'entendre le général Trochu dans des circonstances graves et douloureuses.

La première fois, c'était à une réunion de maires tenue au ministère de l'intérieur. On y manifesta, non pas des scrupules, mais des inquiétudes sur la manière dont la défense de Paris était conduite.

Il n'y avait aucun sentiment de défiance.

On craignait que dans l'entourage du général il n'y eût des personnes n'ayant pas suffisamment foi dans le succès. On proposait à M. Jules Favre d'adjoindre au au général une sorte de conseil de surveillance mi-partie civile mi-partie militaire. M. Jules Favre n'a pas cru pouvoir se charger de porter cette proposition au général ; mais il nous a engagé à aller chez lui. Nous y avons été, et là, au Louvre, pendant une heure, il nous a exposé éloquemment le récit des opérations conduites jusque-là ; nous sommes sortis de cette réunion pénétrés de sympathies et d'estime pour lui, et cependant peu rassurés sur la situation.

Après Buzenval, il y a eu une nouvelle réunion au même lieu, où tous les membres du gouvernement provisoire assistaient.

Le mot de capitulation n'était pas dans la bouche; mais on sentait qu'il s'agissait d'un acte suprême. Le général exposa le récit de la bataille, et, malgré tout, maires de Paris étaient d'avis encore de poursuivre la lutte à outrance. La population de Paris affolée, ne sachant rien, pleine d'illusions entretenues par la presse, aussi bien par la bonne que par la mauvaise, voulait tenter un dernier, un suprême effort, et la majorité du gouvernement était de cet avis. M. J. Favre, M. le général Ducrot et M. Picard étaient seuls d'un avis contraire. Les maires étaient unanimes à demander la continuation de la lutte.

Les maires connaissaient la situation des esprits, ils savaient que le mot capitulation engendrerait la guerre civile et que ce serait l'entrée des Prussiens à Paris.

Le général Trochu dit qu'il ne pouvait commander une opération qui devait fatalement aboutir à un carnage inutile.

Un des maires (pas moi), M. Desmarets, je crois, a dit au général Trochu : « Il faut alors donner votre démission ! » Le général a répondu : « Ma démission, je ne la donnerai pas. Si un général veut tenter ce suprême effort, je ferai métier de soldat ; mais ce poste, quelque douloureux qu'il soit, je le garde et je ne demande pas à échapper à la responsabilité. »

M. ARNAUD (de l'Ariége, rue Saint-Guillaume, maire du septième arrondissement.

Me ALLOU. — Je demanderai au témoin de vouloir bien, comme le précédent témoin, nous donner un écho des réunions de maires de Paris, auprès du gouvernement, avant et après la journée de Buzenval, de nous dire quel était le sentiment de la population de Paris après l'effort de Buzenval ; si son énergie ardente était brisée ou si elle ne demandait pas encore de chercher à se frayer une issue nouvelle par un dernier effort ?

M. ARNAUD (de l'Ariége). — Dans les réunions des maires de Paris, nous croyions que les efforts de la défense n'obéissaient pas au gré de la population de Paris, nous avons eu alors l'idée, dans une réunion chez M. Jules Favres, de nous faire les organes de la population parisienne. Nous ne pouvions opprecier la défense, n'étant pas militaire, mais nous faisant l'écho de cette population, nous avons dit qu'il serait peut-être bon d'obtenir du général Trochu qu'il voulût s'entourer d'un certain nombre d'hommes pris dans l'armée, dans l'administration civile, et de s'en faire une sorte de conseil. Le général Trochu nous répondit qu'il avait pris dans l'armée tout ce qu'il avait pu y trouver, qu'il ne voyait pas trop, d'ailleurs, l'importance de ce conseil, et... (Le témoin s'arrête à cause de son émotion qu'il parvient à maîtriser). C'était avant Buzenval, on a donc écarté l'idée des maires. Je ne sais qu'ajouter.

Me ALLOU. — M. Arnaud (de l'Ariége) a parfaitement et complétement répondu, sans s'en douter, à ma première question. Je lui demanderai ses souvenirs sur les réunions qui ont suivi la journée de Buzenval.

M. ARNAUD (de l'Ariége). — Parfaitement. Nous avions remarqué que le moral de la population s'était maintenu ferme, malgré l'insuccès de cette journée. J'avais vu partir les compagnies de la garde nationale, calmes, résolues; hélas! tous ceux que nous avions salués ne sont pas revenus; malgré ces pertes si douloureuses pour les familles de notre arrondissement, il y avait encore une grande énergie dans la population; elle ne pouvait pas à se faire à l'idée que tout était fini, qu'il fallait se rendre.

Nous avions bien reçu les confidences du gouvernement, mais nous ne pouvions les divulguer; nous savions l'état des subsistances, car c'était nous qui étions chargés du rationnement, et nous savions que nous ne pouvions plus tenir longtemps. La vérité, nous ne la disions qu'en partie à la population pour la préparer; mais nous avions constaté chez tous, malgré la défaite de Buzenval, un tel ressort, un si qon vouloir, on voulait encore faire un effort! que nous nous sommes mis encore une fois en rapport avec le général Trochu, c'était un écho que nous lui portions, nous lui avons dit : N'êtes-vous pas entouré de chefs militaires auxquels manque peut-être la confiance. Cherchez quelqu'un qui croie encore à la possibilité d'un effort utile; il nous dit : Je n'ai pu prendre que ce que j'avais sous la main; je n'ai que le personnel préparé par le régime de l'empire; j'ai consulté les généraux, ils ont dit tous que rien n'était plus possible.

Le lendemain, au ministère de l'instruction publique, nous avons réuni quelques officiers. Chacun a donné son avis, chacun a critiqué ce qui avait été fait; mais tous ont été unanimes quant à l'impossibilité d'une action, au point où en étaient les choses.

Me ALLOU. — C'est tout ce que nous demandons au témoin. Mais un mot sur la démission du général Trochu.

M. ARNAUD (de l'Ariége). — Dans ce moment, répondant au vœu de la population, quelques maires dirent au général Trochu : « Général, donnez votre démission. » Il répondit : « Non ; j'ai été placé à ce poste par la confiance des électeurs. » On se rappelle qu'après le 31 octobre des électeurs ont sanctionné le gouvernement. « Je ne puis, dit le général, me retirer quand le danger devient grand. »

MONTAGUT, ex-capitaine d'artillerie, rayé, en 1852, pour refus de serment, et rétabli lorsqu'on s'est aperçu.....

M. LE PRÉSIDENT. — Il s'agit en ce moment de donner vos nom et prénoms? — R. Je suis un ancien militaire, et je crois qu'il faut que l'on sache qui j'ai été.

Me ALLOU. — Le témoin représente pour nous le malheureux général Clément Thomas, et il pourra nous dire le rôle de la garde nationale à Buzenval. — R. J'ai reçu le dispositif d'une bataillle, et ordre de fournir cinquante mille hommes, j'ai préparé les lettres de service, les vivres, etc. Le général Vinoy m'a donné les instructions le soir. Le matin, à neuf heures, lorsque les officiers furent réunis dans mon cabinet, j'ai reçu un dépêche télégraphique portant : « Affaire ajournée pour motif intéressant la défense nationale, » Je comprenais le motif de ce contre-ordre. Je n'ai pas à le dire ; mais tout était prêt, je tiens à le dire.

Le concours de la garde nationale a été permanent depuis le 23 novembre, jour où le premier bataillon était organisé. Le général Trochu s'en est porté garant. Au Conseil de guerre, il a adjuré les chefs de corps de s'en servir, disant qu'elle valait mieux que l'on ne croyait.

La liste des témoins est épuisée.

L'audience est levée à cinq heures est renvoyée à samedi dix heures.

Audience du 30 mars.

L'audience est ouverte à dix heures et demie.

Sur l'ordre de M. le président, il est déclaré que M. Delchet et M. Blanche seront entendus.

M. LE PRÉSIDENT. — M. le général Lebrun demande à fournir quelques explications sur une contradiction apparente qui se serait produite entre sa déclaration et celle de M. le général de Palikao : il sera entendu dès qu'il sera présent.

Me DEROULÈDE, avoué à la Cour, assistant M. le général Trochu, demande à ce que la Cour entende M. le général Berthault.

D., à M. Berthault. — N'a-t-il pas été question, à Châlons, de séparer les bataillons de la Villette et de Belleville des autres bataillons? — R. Oui, M. le président, on a dit qu'il était dangereux de les faire revenir à Paris et qu'il vaudrait mieux les envoyer dans une place du Nord. Mais on a fait observer que les inconvénients, résultant de cette exception, seraient plus considérables que l'inconvénient de prendre une mesure particulière pour eux; c'est probablement l'hésitation de l'empereur, dont M. le maréchal Mac-Mahon a entendu parler, relativement au retour de la garde nationale à Paris.

J'ai commis une erreur dans ma déposition d'hier. La moitié des bataillons avait reçu des fusils à tabatière, armement provisoire devant être remplacé par des chassepots. Au camp de Saint-Maur, on les a reversés à l'artillerie. Six bataillons sont revenus sans armes : je les ai embarqués à Reims.

Les bataillons venant des places de l'Est avaient seuls des chassepots.

Les sacs ont été laissés aux troupes du maréchal Mac-Mahon qui revenaient de Frœschwiller.

Je sais que des ordres avaient été donnés, par le ministère de la guerre, pour l'armement le plus rapide de la garde nationale mobile.

Ernest DELCHET, 27, rue Cambacérès.

Me LACHAUD.— Le 4 septembre, vers onze heures, onze

heures et demie, n'a-t-on pas donné l'ordre au témoin, alors officier d'état-major, de faire réunir le bataillon des Blancs-Manteaux, et, sur l'étonnement que le témoin a manifesté de cette convocation, ne lui a-t-on pas dit, c'est sur l'ordre du général Trochu?

LE TÉMOIN. — J'ai reçu l'ordre d'aller chercher le 56ᵉ ou 58ᵉ bataillon de nouvelle formation, dont les cadres étaient à peine formés, dans lequel nous n'avions pas une grande confiance, j'en fis l'observation, il m'a été répondu que ce bataillon avait été désigné par le général Trochu. On m'a dit qu'on me donnerait des instructions sur le lieu de réunion.

J'ai attendu sur la place de la Concorde les ordres qu'on m'avait promis, il n'en est jamais venu.

M. le général TROCHU. — J'avais des raisons pour cela.

M. BLANCHE, avocat à Paris (sur la demande de Mᵉ Deroulède). — M. le général Trochu, pendant que j'étais à la préfecture de la Seine, m'a dit : « Que voulez-vous que je fasse? On m'a fait une position qui me met dans l'impossibilité douloureuse de rien faire pour le pays. » Comme je manifestais au général Trochu les inquiétudes des maires de Paris avant le 4 septembre, le gouverneur me répondit : « Que voulez-vous que je fasse? Je n'ai aucune espèce d'autorité, même sur la garde nationale. » Et il ajouta : « Que voulez-vous que je fasse? Comprenez-vous un gouverneur dans une ville où il y a un ministre de la guerre, un conseil de ministres? » Je répondis : « En effet, je ne vois pas qu'il y ait beaucoup de place pour un gouverneur. »

M. le président donne lecture à MM. les jurés d'une lettre de M. le général Lebreton, questeur de la Chambre, dont le général Trochu avait invoqué le témoignage.

M. l'amiral FOURICHON se présente à la barre. — Je demande à relever quelques paroles prononcées à l'audience d'avant-hier par Mᵉ Lachaud, et qui ont été reproduites par *le Figaro*. Comme on demandait à Mᵉ Lachaud s'il n'avait pas d'autres questions à m'adresser, Mᵉ Lachaud aurait répondu : Non, certes, je n'ai rien à demander au témoin, c'est un ami du général Trochu qui parle ; je répondrai à Mᵉ Lachaud, que si je suis un ami du général

Trochu, je suis aussi un témoin qui a promis de dire la vérité.

Me LACHAUD. — Je répondrai qu'en précisant sa déposition, le témoin a manifesté ses sentiments d'estime et d'affection pour le général Trochu. Il a apprécié le procès lui-même, en disant que les attaques dirigées par le *Figaro* contre le général étaient des attaques aveugles ou intéressées J'ai donc répondu : « Je n'ai pas à répondre pour le moment ; mais à tout autre qu'un ami du général, j'aurais eu une réponse à faire.

LE TÉMOIN. — Ce que disait Me Lachaud tendrait à infirmer la valeur de mon témoignage.

Me LACHAUD. — Nullement, nul ne peut s'étonner des sentiments du témoin pour le général, mais quand ce témoin qualifiait ainsi qu'il l'a fait les articles poursuivis, la défense ne pouvait accepter cette appréciation sans répondre, mais ce n'est pas le témoin que j'atteins ; nullement.

M. LE PRÉSIDENT. — L'incident est clos.

M. l'amiral FOURICHON. — Dans le même numéro du *Figaro*, j'ai lu la reproduction de la lettre que m'a adressé le général, et j'ai remarqué qu'il n'en a pas reproduit le texte en entier.

M. DE VILLEMESSANT, se tournant vers son rédacteur. — Mais vous avez eu tort.

LE TÉMOIN. — Cette lettre a été reproduite dans les autres journaux, au contraire.

M. LE PRÉSIDENT. — Monsieur l'amiral, ne vous préoccupez pas de ce qui se dit et de ce qui s'écrit en dehors de cette enceinte.

Me LACHAUD. — Si cette lettre n'a pas été reproduite en entier, ce ne peut être qu'une erreur non intéressée. D'ailleurs, on me dit qu'on n'en a supprimé que le passage relatif à Mme Trochu. Mais j'en donne l'assurance, la lettre sera en entier au numéro de demain du *Figaro*.

Me ALLOU commence sa plaidoirie.

Messieurs les jurés, le général Trochu connaît les sacrifices de la vie publique ; il comprend ce que c'est que d'avoir attaché son nom au plus effroyable événement qui puisse frapper l'orgueil d'[illegible]

[illegible] les colères de [illegible]

venir, dans l'histoire. Son grand crime a été de n'avoir pu faire l'impossible, de n'avoir pas voulu se résoudre aux hécatombes inutiles pour lesquelles les victimes étaient prêtes.

Il a gardé le silence en présence de tous les outrages; une seule fois il a élevé la voix pour sa défense dans l'assemblée, et il conserve un souvenir reconnaissant de l'accueil qui lui a été fait. Il ne serait pas sorti de la réserve qu'il s'était imposée, mais un journal ayant cru pouvoir flétrir sa vie entière, sa carrière de soldat, il a voulu venir devant vous! Il a compris que ses adversaires n'avaient frappé si fort que parce qu'ils voulaient une tribune pour affirmer leurs regrets et leurs espérances! cette tribune, il la leur a fournie!

Le journal *le Figaro* a publié sur ces points deux longs articles, signé Minos. Dès la première demande, dès le premier jour, M. Vitu s'est loyalement fait connaître. Le souffle de ces deux articles n'appartient pas à l'esprit ordinaire du *Figaro*.

M. Vitu figure là en effet avec ses souvenirs et ses regrets bonapartistes, au milieu de la rédaction légitimiste de ce journal, comme les eaux du Rhône traversent le grand lac sans s'y confondre.

M. Vitu, vous le savez, faisait au *Figaro* les articles de théâtre, où déjà il donnait cours à ses romans bonapartistes, quelque invraisemblable que cela paraisse. On se rappelle les querelles avec Sardou, c'était avant que vînt l'heure de *Rabagas!*

Jamais dans aucun journal cette violence, jamais cette violence n'a été dépassée! Il faut lire tous ces articles, très-longs cependant, tout au moins en voir les extraits!

Il y a trois divisions dans les attaques! Tout d'abord c'est la carrière militaire du général : c'est un homme médiocre; ayant grande opinion de lui, ayant fait un livre médiocre, hostile à l'empire, autour duquel se groupèrent les mécontents! Il aurait été, disait-on ensuite, un membre des commissions mixtes et des non moins ardents! Puis, plus tard, il aurait mis à défaire l'empire la même ardeur qu'à le faire! Il aurait trahi l'empire! Bien plus, il aurait trahi une femme!

Le troisième point, c'est le siége! A peine un mot cependant sur des faits qui auraient pu être discutés, qui sont du domaine de l'histoire et que le général abandonne à l'histoire ! Mais à ce sujet on l'appelle l'assassin de Buzenval ! Assassinat ayant pour objet de faire accepter la capitulation ! Le gouverneur de Paris ne capitulera pas, avait-il dit, et cependant il donne sa démission !

Tout cela émaillé de mots charmants : c'est le général Trochu au musée de Mme Tussaud, à Londres, placé entre Dumollard et Troppmann; c'est le mot attribué à M. le maréchal Mac-Mahon : je le croyais un honnête homme ! C'est enfin le mot de M. le général Changarnier qui, ici, pour la première fois de sa vie, a battu en retraite !

Me Allou donne lecture de certains passages du premier article incriminé du *Figaro*, relatifs à l'affaire de Buzenval et qui attaquent son honorabilité comme soldat, lui reprochant d'avoir été aide de camp du général Saint-Arnaud et d'avoir participé au coup d'Etat, parlant de son mauvais livre : *L'armée française en* 1867.

Le caractère de ce premier article n'avait pas lieu de tant inquiéter M. de Villemessant, qui demandait cependant que l'on arrondît les angles. Nous verrons la suite; mais sachons quel est l'officier qui vous demande justice aujourd'hui.

Le général Trochu est fils d'un officier comptable des vivres, retiré à Belle-Isle-en-Mer, où il cultivait son petit domaine. Il a deux frères et quatre sœurs. En 1835, il sortit de l'Ecole militaire. Il a fait sa première carrière en Afrique, là où on a pu voir tant d'illustres généraux dont la carrière a été brisée, dont l'énergie et le courage ont fait défaut depuis, le tout par l'acte du 2 décembre !

Il devint l'aide de camp de Lamoricière, puis de Bugeaud.

En 1840, il est lieutenant; en 1841, il est cité à l'ordre du jour; en juillet 1841, il est l'objet d'un nouvel ordre du jour; en 1843, il est capitaine : dans ce grade encore on le voit à l'ordre du jour; en 1844, il est encore à l'ordre du jour pour sa belle conduite à la bataille d'Isly !

Le maréchal Bugeaud envoie son aide de camp au général Lamoricière, et voici dans quels termes le maréchal recommande M. Trochu au roi :

LE GOUVERNEUR GÉNÉRAL DE L'ALGÉRIE.

« Alger, le 3 juin 1846.

Sire,

» En même temps que je demande à M. le ministre de la guerre un avancement pour M. le capitaine Trochu, mon unique aide de camp, confiant dans vos bontés, je m'adresse directement à Votre Majesté pour la supplier de m'accorder cette faveur. Je la regarderai comme une récompense personnelle des services que j'ai pu rendre dans cette crise de huit mois que vient de subir l'Algérie.

» Et cependant, Sire, en demandant le grade de chef d'escadron pour M. Trochu, je crois bien servir l'Etat. Quand on rencontre des hommes de capacités et de vertus militaires hors ligne, il ne faut pas les tenir dans l'ornière commune. En les laissant vieillir dans les grades inférieurs, on prive le pays des grands services qu'ils pourraient lui rendre dans une position plus élevée.

» Trop d'hommes incapables arrivent au sommet en vieillissant : leur nombre dans le cadre de l'état-major général est effrayant pour l'avenir de la patrie; ils peuvent nous ramener plusieurs journées de Waterloo.

» Faisons donc surgir de bonne heure quelques capacités bien démontrées, pour que, jeunes encore quand elles atteindront au grade d'officier général, elles soient une garantie pour la sécurité de la France et l'honneur du drapeau.

» M. le capitaine Trochu répond parfaitement à ces vues d'avenir national.

» S'il n'appartenait pas à une arme spéciale, il n'y aurait rien de plus simple : il a trois ans de grade, six ans de guerre et de distinction en Afrique; combien de capitaines de cavalerie et d'infanterie sont devenus officiers supérieurs en temps de guerre avec moins de titres que cela. Mais dans l'état-major ce serait une exception largement motivée, il est vrai, par les considérations que j'ai exposées à Votre Majesté.

» On ne doit s'adresser à vous, Sire, que pour les choses extraordinaires et d'un grand intérêt public ou privé.

Je le fais avec confiance, assuré que je suis d'être bien compris.

» Je suis, avec un profond respect, Sire, de Votre Majesté, le très-humble et très-dévoué serviteur,

» Signé : Maréchal DUC D'ISLY. »

En marge, continue Me Allou, se trouve la réponse du roi :

« Mon cher maréchal, j'ai lu avec un intérêt bien réel la lettre que vous m'avez écrite en faveur de votre aide de camp le capitaine Trochu, j'en ai parlé au ministre de la guerre, et je me fais un plaisir de vous dire que j'ai trouvé de ce côté les meilleures dispositions ; vous pouvez compter aussi sur les miennes et espérer que M. Trochu ne tardera pas à obtenir l'avancement que lui méritent ses bons services et le témoignage que vous lui rendez.

» Croyez, mon cher maréchal, à tous mes sentiments pour vous.

» Votre affectionné. »

Trochu a eu, dit-on, une carrière d'avancement exceptionnel, mais il avait une situation exceptionelle. Le maréchal Bugeaud s'adresse au roi Louis-Philippe lui-même, pour le faire nommer chef de bataillon, il signale au roi les services qu'il doit rendre à l'avenir militaire du pays, en faisant allusion à la constitution défectueuse de l'armée qui nous réserve peut-être, dit le maréchal, plusieurs Waterloo.

La carrière de Trochu a été laborieuse, elle s'est faite pas à pas, rien n'est dû à la faveur. Il avançait parce qu'on avait besoin de lui.

En 1849, le maréchal Bugeaud meurt ; on offrit alors au chef d'escadron Trochu d'être officier d'ordonnance du prince président de la République.

Voyez les avances, les séductions dont on l'entourait déjà.

La nomination a été insérée au *Moniteur ;* j'ai lu le numéro.

Le chef d'escadron refusa de devenir l'officier d'ordonnance du président; il demanda à être aide de camp du général Neumayer. Nous sommes dans l'article, messieurs, car Trochu, dit *le Figaro,* avait été le collaborateur du coup d'Etat; malgré les deux mois de recherches que demandait M. de Villemessant en commandant ces deux articles à M. Vitu, il est probable que cet historien n'a pas trouvé beaucoup d'éléments pour l'établir, autrement on aurait produit ici des témoins qui seraient venus s'en faire l'écho; aucun n'est venu dire qu'il a prêté sa collaboration au coup d'Etat. Je fais appel à vos souvenirs, mais il était de notoriété que le général Trochu a été constamment, non pas l'ennemi de l'empereur mais opposé à ses traditions, à ses idées politiques et à l'organisation même de l'armée.

Qu'est venu vous dire M. de Palikao lui-même que le général Trochu passait pour un ennemi de l'empire? Il l'a dit ici devant la Cour. Mais pressons les faits. Le chef d'escadron Trochu, aide de camp de Neumayer, est à la revue de Satory, et tout le monde assure qu'il aurait pas poussé un cri sous les armes.

M. Baze racontait les faits du coup d'Etat de cette période douloureuse de notre histoire :

« Trochu défila silencieux à la tête de la division de Neumayer. »

Cette manifestation fut tellement éclatante qu'on les mit en disponibilité.

On offrit à Neumayer un commandement à Rennes : il ne voulut pas accepter.

La preuve que le chef d'escadron Trochu était d'accord avec son beau-frère, la preuve, nous l'avons là. M. le général Neumayer avait remis un petit dossier, vous vous le rappelez, à M. Baze, alors questeur de l'Assemblée.

Voici la lettre de M. Neumayer, accompagnant cet envoi. La minute est de la main du chef d'escadron Trochu.

Le général Neumayer refusa donc la compensation qui lui était offerte alors.

Voilà l'attitude du général Trochu à cette époque. En voulez-vous une autre preuve :

Dans l'effroyable nuit où fut violée la représentation

nationale, le chef de bataillon Meunier, commandant le poste de garde de l'Assemblée, vit se glisser nuitamment dans l'ombre deux bataillons conduits par le colonel lui-même, sans que les questeurs en eussent été informés.

Le chef de bataillon Meunier comprit, et, s'approchant du colonel, il lui dit : « Vous me déshonorez, colonel. » Et il brisa son sabre et arracha ses épaulettes, et il se retira dans une petite ville de province; eh bien, à l'occasion de cette belle conduite, Trochu avait fait parvenir jusqu'à lui son témoignage d'estime.

Nous avions fait citer le commandant Meunier, il nous a écrit qu'il lui était impossible de se présenter à l'audience.

A côté de ces éléments, je vous rappelle les déclaraions d'un témoin.

On avait, vous le savez, inventé cette formule indigne, le vote public de l'armée. Eh bien ! le chef d'escadron Trochu vint voter à la première division militaire, il vota non en mettant sa signature à la colonne des non.

Est-ce là un collaborateur du coup d'État ?

M. Vitu n'a pas été bien renseigné pour un historien. (On rit.)

Comment ! cette histoire de la mise en disponibilité de Neumayer était assez connue pour que les recherches d'un grand historien comme M. Vitu ne s'en soit pas inquiété.

Permettez-moi de vous lire encore une lettre de Trochu à son père, lettre de famille, lettre qui a déjà depuis longtemps été publiée et qui a circulé en Bretagne, pays du père du général Trochu :

« 15 décembre 1851

« Votre lettre politique du 10 de ce mois exprime, au sujet de la révolution militaire du 2 décembre, un sentiment de satisfaction intériure et de quasi-enthousiasme que je m'explique sans peine. Vous êtes tous ensemble des types bourgeois et accomplis et vous avez dû conséquemment passer, avec tonte la bourgeoisie parisienne que j'ai sous les yeux, par les impressions successives que voici :

» Premier jour (avant la réussite certaine de l'entreprise), consternation et colère.

» Deuxième jour (après la réussite), rassérénement.

» Troisième jour, retour à une sécurité absolue.

» Quatrième jour, enthousiasme.

» Cinquième jour, indignation contre les hommes restés dans l'effroi de l'avenir.

» La Bourse monte de 10 fr., toutes les valeurs industrielles et commerciales suivent ce mouvement ascensionnel, l'hydre socialiste est anéantie : vive le président ! vive l'empereur !

» Est-ce que je n'avais pas vu de mes yeux le préfet de police Caussidière, considéré comme le ferme rempart de l'ordre, caressé, fêté par tous les bourgeois conservateurs de Paris, et, finalement, réunissant, pour entrer à l'Assemblée nationale, le chiffre incroyable de 148,000 voix, que personne n'a atteint depuis ?

» C'est qu'en effet l'absence de croyances religieuses, les longues prospérités de la paix, le culte de l'argent ont livré la classe intelligente et raisonnante de notre pays à l'homme ou à la chose qui lui assure la sécurité des intérêts matériels et la possession du moment, quel que soit l'homme et quelle que soit la chose.

» Au milieu de tant de naufrages révolutionnaires, un principe avait cahin-caha surnagé, le principe de la légalité. Des hommes considérables dans le pays, tendant d'ailleurs à des buts politiques très-divers, avaient cherché à faire prévaloir ce principe autour duquel commençait à se faire un certain travail de l'esprit public. Ce travail et la force qu'y pouvait trouver un jour la société en péril sont anéantis en vingt-quatre heures !

» D'autre part, l'armée avait puisé jusqu'ici dans sa mission, qui était d'assurer le règne de la loi, mission pleine de grandeur, d'austérité et indépendante des personnes et des choses, une ferme confiance en elle-même et un légitime prestige devant la nation. Aujourd'hui, l'armée n'est plus qu'un instrument politique.

» Elle défait la loi à coups de fusil, elle l'a refait le lendemain à coups de vote, et la voilà toute fière de la prétendue importance qu'elle vient d'acquérir dans l'Etat !

» O bonnes gens, gardez votre joie ! Vous m'avez traité de visionnaire, quand je vous dénonçais le retrait par le pouvoir de la loi du 31 mai, en vue de préparer la ruine de l'Assemblée ; d'illuminé, quand je vous révélais l'existence probable d'un complot militaire prêt à éclater dans Paris.

» Aujourd'hui je vous affirme que, à moins que la Providence ne change, par quelque faveur spéciale, le cours de vos destinées, l'édifice où vous allez vous abriter s'écroulera sur vos têtes et vous écrasera.

» J. TROCHU. »

Cette lettre vous dit la valeur de l'homme, l'élévation de son esprit, de son éducation morale, religieuse, celui qui l'a écrite, c'est un caractère et non pas seulement un homme éminent et distingué.

Ainsi, il prédisait, au moment même du coup d'Etat, la ruine de l'empire et la chute du pays écrasé sous les ruines de l'empire lui-même.

Voilà ce que j'avais à dire sur la collaboration du général Trochu au coup d'Etat.

Le lendemain du coup d'Etat, dit M. Vitu, — ce n'est pas le lendemain, c'est six semaines après; mais dans le style de l'historien, le lendemain peut dire quelque temps après, — il fut nommé directeur-adjoint du personnel.

A partir de ce moment, il a suivi sa carrière ; il a servi son pays en servant son gouvernement avec dignité, jamais il n'a eu situation dirigeante, n'ayant jamais un rôle important le rattachant aux institutions impériales, à leur principe.

Suivant ses attributions de directeur général adjoint au ministère, il aurait eu les commissions mixtes dans ses attributions ! Mais ces commissions, c'est l'œuvre du ministre de l'intérieur et de la préfecture de police ! Ah! nous n'avons plus eu à les revoir à l'œuvre, malgré les instances nombreuses de ceux qui ne croyaient pas à la loi. Nous n'avons pas eu, après la Commune, la justice sans jugement, sans témoins, sans défense.

Cette accusation, il faut le dire, est, entre toutes, celle

qui est une des plus cruelles et des plus immméritées pour le général Trochu.

En Crimée, M. Trochu est colonel, aide de camp du général Saint-Arnaud. Dans un travail soumis à l'empereur, il indiquait déjà alors que nous n'étions pas prêts; il avait vu les instants terribles de Crimée, et ceux plus anxieux encore d'Italie où souvent on fut à deux doigts de la perte.

Dans cette campagne il devint général de brigade. On lui proposa d'être chef d'état-major général de l'armée. On le nomme! Mais il s'agit d'enlever cette situation au vieux Martimprey, officier estimé! Il refuse! comme il a refusé d'être officier d'ordonnance du prince Président. Il reçoit alors le commandement d'une brigade de siége; il est blessé à un assaut à la tête de la brigade qui a été choisie entre toutes pour tenter un effort surhumain! Là encore il est cité à l'ordre du jour.

Le général revient à Paris avec des béquilles; on lui propose alors la direction du personnel au ministère de la guerre; on avait demandé de le faire entrer au Conseil d'Etat. Il refuse parce que les idées de l'empire, la loi sur l'exonération et autres sont contraires à toutes ses pinions sur l'art militaire.

En 1859 il se conduit avec éclat à Solferino et devient général de division; il va au secours du général Niel et est de nouveau mis à l'ordre du jour.

De 1859 à 1867, le général est inspecteur général d'infanterie et membre du conseil d'état-major. On lui fait des avances; il aurait pu être sénateur, conseiller d'Etat, il n'a pas voulu dire le mot que l'on demandait de lui! Si on lui a reproché d'écrire et de parler, c'est peut-être le reproche des généraux qui ne parlent ni n'écrivent!

Il a préféré servir l'Etat plutôt que de servir directement l'empire et en devenir le défenseur.

On lui a offert le commandement de l'expédition de Chine avant de l'offrir au général Palikao! La France n'a rien perdu! Mais c'est encore le refus de M. Trochu qui a fait de M. Palikao le ministre de la guerre des vingt jours dont il nous a écrit l'histoire!

On lui a proposé de prendre une situation dans le ministère de l'Algérie et des colonies, ce ministère éphémère, et il refuse formellement.

Il a refusé bien autre chose. Le général Trochu a perdu son frère, laissant une veuve et onze enfants! Quoique sa fortune consistât en 100 fr. de rente, il prend la veuve et les onze enfants. Vous savez la remise des 20,000 fr. par l'empereur pour la veuve et les enfants. M. le général Trochu refuse, proteste contre cette remise d'argent, et dit que le gouvernement a d'autres moyens pour venir au secours de la veuve malheureuse d'un officier.

Comment! c'est là un simple acte de générosité de l'empereur devant lequel il faut s'incliner? Cette monnaie courante, ces remises courantes, ces sortes de corruptions où les caractères s'affaissent!

Le livre de 1867 a eu un très-grand succès, vingt éditio cette sorte de philosophie militaire a reveillé la France de son vieil engancement militaire; car la légende remplaçait la discipline et l'esprit de sacrifice! Et cependant dans ce livre, dédié au maréchal Bugeaud, nous trouvons déjà l'indication du décousu de nos opérations militaires, de l'emploi des expédients! On y relève les déceptions de l'école ancienne contre le système nouveau de Prusse. On voit encore que les officiers étrangers connaissent mieux nos défauts que nous ne les connaissons nous-mêmes.

Il relève les efforts de la Prusse pour la préparation de son armée qui, en 1860, devient plus remarquable encore. Il adjure les gouvernements de prendre garde! Il n'y a pas lieu à dire, après avoir lu ce livre, que tout le mal vient de ce livre dont les théories auraient été mises en application dans la loi de 1868! Et on reproche au général de n'avoir rien prévu!

On a appliqué ces théories dans cette loi de 1868; mais le service obligatoire est son idéal! cette loi de 1868! elle appartient à son auteur, à une administration coupable de la plus grande impéritie!

En 1869, il est en disgrâce, il est doyen de grade des divisionnaires, mais on ne voulait pas qu'il fût maréchal de France tandis qu'on voulait que d'autres le devinssent!

En 1870, on lui donna le commandement de l'armée des Pyrénées pour le cas où l'Espagne interviendrait dans l'incident Hohenzollern; c'était dérisoire!

On a beaucoup parlé du testament et du plan, et cependant, dès lors, dans ce testament nous voyons les passages suivants :

« En fidèle serviteur du prince, de l'Etat et du pays confondus ensemble dans ma pensée, je me suis élevé autant que je l'ai pu contre ces dangereuses erreurs. Dans cette loyale attitude, on a vu l'esprit d'opposition politique. Et (comme font toujours les gouvernements exclusivement préoccupés d'eux-mêmes) on a cherché dans quelle catégorie d'ennemis de l'empire il convenait de me classer. La Cour a trouvé *l'orléanisme*. Je veux montrer ici à quel point sont vaines, puériles et fausses ces défiances contre lesquelles viennent se heurter une foule d'hommes honorables, dévoués, sincères qui avertissent le pouvoir dans son propre intérêt autant que dans l'intérêt public : Mon goût pour les principes, particulièrement pour ceux qui sont conservateurs du droit dans les familles, m'interdit absolument d'être orléaniste, et je n'incline à aucun degré vers la Révolution de 1830 et vers ses conséquences que je considère comme la cause principale du grand déraillement qui a précipité notre pays. Mais il est vrai que j'ai de respectueuses sympathies, sans connaître et sans avoir jamais vu aucun d'eux, pour les princes exilés des deux branches. Je trouve qu'ils ont bien vécu, qu'ils sont respectables autant que malheureux, et de bonne race française indigène sans mélange, ce que j'apprécie beaucoup. Toutes mes passions orléanistes et légitimistes se réduisent à cet innocent et théorique sentiment.

» Je crois avoir établi que, par ces déplorables procédés, le gouvernement de l'empereur a réduit la *France bien pensante* aux ultrà d'un parti, comme l'avaient fait avant lui, mais à un moindre degré, les gouvernements de la République, de 1830 et de la Restauration tombés par le fait de l'étroitesse de la base qu'ils s'étaient donnée.

A l'égard de la guerre qui va commencer, je déclare ici qu'elle me donne de graves inquiétudes et je dirai pourquoi. Pour porter la dévastation au milieu des riches provinces du centre de l'Europe, où se sont condensés depuis cinquante ans, à la faveur de la paix, les efforts de l'agriculture, de l'industrie, du commerce, des sciences et des arts; pour vouer à la destruction des milliers d'hommes et vouer au deuil des milliers de familles; pour raviver partout contre la France les haines ardentes, originaires du premier empire, que le temps avait apaisées; pour écarter ces luttes terribles qu'il faut soutenir à la fois contre les armées et contre l'esprit public des peuples, il fallait que la France eût cent fois raison devant le monde. Il fallait prouver que son honneur était grièvement atteint ou que l'intégrité de son territoire était en péril. Mais naguères, vis-à-vis de la Prusse, on est resté muet et immobile, quand il y avait des raisons de parler et d'agir. Bien plus, à ce moment, on a cherché à montrer à la France, par des déclarations solennelles, que ce qu'avaient fait la politique et les armées prussiennes, était conforme à sa propre politique, à ses propres intérêts, aux prévisions de l'empereur Napoléon Ier. Et à présent, sans cause appréciable (la candidature Hohenzollern écartée), sans examen suffisant; par un imprévu coup de tête, la France voit se réaliser la prédiction faite il y a quelques années par un membre de la Chambre des députés : « Si vous n'y prenez garde, on vous conduira avant longtemps à une guerre du Mexique en Europe. » (M. Jules Favre.)

» Car, je le crains, c'est là ce que nous allons faire, et tout indique qu'une coalition morale des nations se prépare contre nous.

» Mais ce qui remplit mon âme de douloureux pressentiments, c'est que l'armée n'est pas aussi prête qu'on le dit, à courir les hasards d'une telle entreprise. Sans doute elle vaut beaucoup, et de grands efforts ont été faits depuis quelques années pour qu'elle valût plus encore. Elle est notamment, ce qui est de haute importance, pourvue d'un bon armement et convenablement approvisionnée. Mais reconnaissant que l'institution avait vieilli, on l'a troublée par de continuelles transformations de détail sans programme défini sans plan d'ensemble. On a ébranlé le vielle édifice, on à pas construit le nouveau. Il y à beaucoup d'incertitude dans les esprits, que l'enthousiasme du moment tempère, mais qui reparaîtra si les épreuves viennent; et comme dans les guerres précédentes, on part à l'impromptu, dans le pêle-mêle traditionnel que j'ai dépeint ailleurs. (L'armée française en 1867.) Je sais que notre désordre français se heurtant à l'ordre allemand qui est compassé, nos chances de premiers succès sont considérables, et c'est beaucoup. Mais les Allemands soutenus par le sentiment public seront tenaces, et je n'ai qu'une confiance relative dans le renouvellement longtemps continué de nos efforts. »

Le prince Napoléon lui fait une situation nouvelle, lui, qui était Bonaparte sans être bonapartiste, et qui, toujours, avait eu une grande hostilité contre la guerre du Mexique et la guerre de 1870.

M. le général Trochu accepta alors le commandement de l'armée de débarquement de la Baltique : rien ne se faisait malgré tous ses efforts, et ce commandement fut aussi ridicule que celui des Pyrénées !

A la veille des événements qui vont s'accomplir et qui vont nous occuper, jetons un regard en arrière! Nous voyons une situation militaire excellente! Un homme vivant de la vie de famille, d'une moralité excellente, ayant recueilli comme sienne cette famille de son frère; un homme de sentiments pieux et élevés! l'homme politique est bien à l'aise ! vous l'avez vu, ce n'est pas un orléaniste : il n'est point légitimiste, ce n'est pas un républicain : il a servi utilement l'empire comme soldat, mais il n'a servi que son pays!

Il l'a servi plus que tout autre par ces avertissements qu'il lui a donnés, et c'est cet homme là qu'on a flétri, qu'on a appelé dans le premier article le complice du coup d'Etat, l'homme des commissions. Si le deuxième article n'avait pas paru, notre tâche serait terminée à tous. Car, a-t-on prouvé quelque chose relativement à cette première partie du travail de M. Vitu, non; j'ai donc le droit de conclure relativement à cette double accusation d'avoir été complice du coup d'Etat et l'homme des commissions mixtes.

M. le général Trochu a fait sa preuve, M. Vitu n'a pas fait la sienne, et je vous dis : la calomnie est là, et nous avons le droit de vous en demander justice.

Maintenant j'aborde un autre point du débat, ce point que je viens d'examiner a peut-être, pour M. Vitu du moins, moins de gravité. Ce n'est pas une accusation bien grave, pour M. Vitu du moins, d'avoir été complice du coup d'Etat et l'homme des commissions mixtes.

La grosse accusation, c'est celle-ci : « M. le général Trochu s'est levé ce matin gouverneur de Paris, et le soir, il se couchait président d'un autre gouvernement. » En passant pardessus les faits misérables du procès, c'est une cause plus grande que nous allons avoir à plaider : la cause de l'empire et celle du gouvernement qui l'a remplacé.

Me ALLOU donne lecture du deuxième numéro du *Figaro*.

Voilà le deuxième article, dit Me Allou.

Parcourons donc les faits. — Mais les dispositions d'esprit du général Trochu à la veille de la conférence de Châlons, il les avait manifestées à M. Daru, par exemple, à qui il disait : « Comte Daru, vous serez mon témoin plus tard ; nous sommes perdus, on jette le pays dans une effroyable aventure qui va entraîner la chute de l'empire. »

Il a de l'ambition, dites-vous ; de l'ambition à cette heure-là, mais on venait à lui à cette heure ; ne perdez pas de vue dans quelles conditions; il s'était trouvé jusqu'alors servir l'empire à distance, permettez-moi le mot, en réservant sa conscience. Mais, dites-le, est-ce qu'il s'est jamais offert, est-ce qu'il a jamais sollicité une faveur de l'empire ? S'est-on adressé à lui comme à un ami dont on invoque la fidélité ? Non; on s'est adressé à lui comme à un adversaire.

On l'appelait pour s'abriter derrière sa popularité; on l'appelait pour s'en faire une force.

C'est dans ces conditions, que le 7 août, M. Ollivier étant encore garde des sceaux, lui offrait le ministère de la guerre, que pouvait-il désirer de mieux, s'il eût été ambitieux.

Vous avez entendu M. Schneider, M. de la Gravière, qu'a dit le général Trochu : « Je ne puis accepter cette position sans condamner les errements du passé; je veux dégager ma responsabilité, j'arrive à vous avec mes convictions. »

Et comme M. Schneider s'en étonnait et lui disait : « Il n'est pas nécessaire de condamner le passé ; à quoi bon faire cette déclaration. » Le général Trochu insista, il voulait arriver tout d'une pièce, il refusa donc le ministère, et les démarches de M. Schneider et de M. Ollivier échouèrent. En proposant de donner ce ministère au général Trochu, M. Ollivier écrivait à l'empereur : « Je demande à votre Majesté de signer un décret nommant le général Trochu ministre de la guerre. L'effet de l'opinion sera infaillible en apprenant cette nomination » Une autre dépêche adressée à l'empereur, porte : « Le général Trochu vient de me déclarer qu'il ne peut pas prendre le ministère de la guerre. »

Le 10 août, le général Trochu écrit au général de Vauber, une lettre où il lui dit : « Que le siége de Paris peut-être fort disputé ; si une armée de secours peut le défendre. Que cette armée de secours doit être l'armée de Metz, le dernier espoir de la France. »

Si celui-là ne voyait pas bien, continue Me Allou, si celui-là n'était pas le plus dévoué au pays et à l'empire, je ne sais plus ce que c'est que comprendre.

Cette lettre fut mise sous les yeux de l'empereur, et les ordres furent donnés de ramener l'armée sur Paris. Le général Trochu apercevait en perspective le siége ; il ne comprenait le siége qu'avec une armée de secours de trois cent mille hommes, dont le noyau devait être les débris de Mac-Mahon et l'armée de Bazaine.

Le général Trochu n'ayant pas accepté le ministère de la guerre, le général de Palikao fut nommé, et le général Trochu alla prendre le commandement du 12e corps à Châlons.

Le 17 août eut lieu la fameuse conférence dont il a été tant question. Que fut-il débattu dans la première partie de la conférence? La question des mobiles fut examinée tout d'abord. Elle fut posée par le général Berthauld.

Le général Berthauld vous a dépeint ce qu'était le camp de Châlons. C'était la confusion et le désordre partout. Qu'étaient les troupes de ce camp? A-t-on le droit de dire qu'elles étaient de mauvaises troupes? Non; non; ces bataillons de mobiles avaient dans leurs rangs nos fils, nos frères; il y avait des membres du barreau sur la poitrine desquels vous voyez aujourd'hui la croix et la médaille militaire, et tous, au cours du siége, ils ont eu une conduite admirable.

Ces jeunes soldats eussent accepté la lutte éclatante, de suite, mais il y a quelque chose de plus difficile que le courage, ce sont les misères sourdes, les embarras, les fatigues du soldat, et puis il n'y avait rien d'installé au camp de Châlons pour les recevoir; et puis ils n'étaient pas armés, du moins ils l'étaient mal; quelques bataillons avaient des fusils à tabatière, quelques-uns seulement avaient des chassepots, beaucoup n'avaient que des bâtons.

Le général Berthauld, qui est un homme distingué, avait confiance en ces mobiles; mais comme on craignait une surprise du camp, il voulait que les mobiles partissent et fussent ramenés vers Paris.

Le général Trochu prit parti dans la discussion. Il ne cherche pas à le nier, et il expliquera sa proclamation :

« J'ai demandé votre retour à Paris, je l'ai obtenu, c'était votre droit. »

Suivant le général Berthauld, envoyer ces mobiles de Paris dans les places du Nord, c'était une mesure mauvaise. Et l'empereur dit : — Il faut que ces enfants-là aillent défendre leurs foyers; et on dit : Envoyons-les tous à Paris. On comprit que ce retour pouvait présenter des périls et des inconvénients. On songea à choisir et à envoyer certains bataillons, ceux de Belleville et de Montmartre dans les places du Nord; et on dit : Mais l'effet sera mauvais, on dira : On ne renvoie à Paris que les bataillons aristocrates; et il fut décidé qu'ils seraient tous ramenés à Paris.

Et voilà comment M. Vitu représente les choses : ces mobiles, il en fait des prétoriens sur le concours desquels Trochu s'appuie, et l'on vous dépeint une sorte de lutte du général avec l'impératrice; et on vous dépeint le général Trochu comme violentant l'impératrice, en lui faisant voir le retour des mobiles. Voilà l'accusation tout entière avec ce qu'elle a de désespérant pour un homme qui a consacré toute sa carrière au devoir.

On dit qu'il a fait une condition du retour des mobiles pour accepter le poste de gouverneur.

Mais le décret, le général Trochu, dit-on, veut l'imposer à l'impératrice, le lui arracher ! le lui arracher sous la menace des prétoriens, des 14,000 mobiles !

M. Palikao dit qu'il avait fait armer ces troupes de hassepots ! les armes existaient, oui, mais elles étaient dans les caisses ; les mobiles avaient des fusils à tabatière ou des bâtons, quant aux sacs, on les avait donnés aux soldats qui revenaient de Frœschwiller ! Mais non, le départ des mobiles a été l'œuvre de l'empereur, après un débat où le pour et le contre a été débattu et où il a fini par prendre parti; il a décidé lui-même que les mobiles viendraient à Paris.

Après ce premier point résolu, la conférence de Châlons entame la question politique, c'est M. le général Schmitz qui prend la parole : « Il faut, dit-il, que l'empereur, qui n'est plus rien, rentre à Paris, précédé du général Trochu ! C'était l'avis du prince Napoléon.

Est-ce que l'ambition a fait alors agir le général Trochu? il aurait eu alors l'ambition de couvrir de sa personnalité et de sa popularité l'empereur revenant de cette funeste campagne ! Il n'y a qu'une seule ambition qui pût mener à une telle résolution, l'ambition de faire son devoir !

Voici la lettre de l'empereur qui détermine les attributions du général Trochu : Il doit attendre l'empereur à Paris ! Il est évident alors que les armées de Metz et de Mac-Mahon vont se rabattre sur Paris !

C'est l'avis du général Trochu qui a prévalu !

C'est le programme Trochu, et il a accepté la condition que l'on suivra son plan. Le prince Napoléon le dit formellement dans sa brochure : *La vérité à nos calomniateurs*.

Voici la lettre de l'empereur :

« Camp de Châlons, 17 août 1870.

» Mon cher général,

» Je vous nomme gouverneur de Paris et commandant

en chef de toutes les forces chargées de pourvoir à la défense de la capitale. *Dès mon arrivée à Paris*, vous recevrez notification du décret qui vous investit de ces fonctions ; mais, d'ici là, prenez sans délai toutes les dispositions nécessaires pour accomplir votre mission.

» Recevez, mon cher général, l'assurance de mes sentiments d'amitié.

» NAPOLEON. »

Le 18 dans la nuit, le général Trochu, arrive aux Tuileries et voit l'impératrice. Quel que soit le respect dû à cette infortune, il faut contester quelques détails de ces souvenirs. La souveraine était très-courageuse, mais très-exaltée, très-défiante. Dès l'arrivée du général, d'une façon nerveuse, elle lui prit les deux mains lui disant : « Si nous rappelions les princes d'Orléans ? » C'était là un sentiment qui paraît bien généreux pour les princes, mais le général n'y a vu qu'une manifestation nouvelle de la défiance : sous cette forme féminime il n'a vu qu'une sorte d'épreuve qu'on voulait lui faire subir.

Comment admettre sérieusement cet appel des princes ! c'était pour sonder l'homme qui avait toujours passé pour orléaniste. Le général répondit :

« Madame, si on avait demandé l'abrogation des lois d'exil, il y a quelques mois, j'aurais été de cet avis, mais ce serait aujourd'hui l'écroulement de tout l'édifice ! »

Dès qu'il fut question du retour de l'empereur à Paris, l'impératrice s'y opposa énergiquement, disant : « Que les ennemis de l'empereur pouvaient seuls donner un pareil conseil ! »

Les plans du général Trochu disparaissent ainsi l'un après l'autre, car l'empereur ne revenant pas, il n'y avait pas d'armée de secours ! c'était la continuation du système du ministre de la guerre qui n'avait pour idée que de faire affluer les renforts aux armées situées au dehors de Paris !

L'abandon de ce plan, nous le trouvons dans une lettre de l'empereur à sir Jonn Burgoyne, field-marshal.

« Wilhemshœhe, le 29 octobre 1870.

» Mon cher sir John,

» Je viens de recevoir votre lettre, qui m'a fait le plus

grand plaisir, d'abord parce qu'elle est une preuve touchante de votre sympathie pour moi, et ensuite parce que vous me rappelez les temps heureux et glorieux où nos deux armées combattaient ensemble pour la même cause. Vous qui êtes le Moltke de l'Angleterre, vous avez compris que tous nos désastres viennent de cette circonstance que les Prussiens ont été plus tôt prêts que nous, et que, pour ainsi dire, ils nous ont surpris en flagrant délit de formation.

» L'offensive m'étant devenue impossible, je me suis résolu à la défensive ; mais empêché par des considérations politiques, la marche en arrière a été retardée, puis devenue impossible.

» Revenu à Châlons, j'ai voulu conduire la dernière armée qui nous restait à Paris, mais là encore des considérations politiques nous ont forcés à faire la marche la plus imprudente et la moins stratégique qui a fini par le désastre de Sedan.

» Voici en peu de mots ce qu'a été la malheureuse campagne de 1870. Je tenais à vous donner des explications parce que je tiens à votre estime.

» En vous remerciant de votre bon souvenir, je vous renouvelle l'assurance de mes sentiments affectueux.

» NAPOLÉON. »

C'est la justification de la conduite du général Trochu ! car tout ce qu'il devait faire s'écroulait, on le voit.

De là ce remaniement de la proclamation rédigée en chemin de fer, et ce nom de l'empereur dans la proclamation, puis effacé sur le désir de l'impératrice, puisque l'empereur ne devait pas revenir ! Si on n'a pas nommé l'empereur, c'est l'impératrice qui a fait tout effacer, nous le savons. Est-ce que depuis quelques jours on osait prononcer le nom de l'empereur ? Est-ce que la majorité n'offrait pas alors la dictature à M. de Palikao ?

Dans les journaux américains on avait inséré une lettre de l'impératrice à Mme de Mouchy, inculpant de ce chef le général Trochu ! Mais bientôt on revint à la vérité dans une publication quasi-officielle du *Gaulois*, et disant que l'impératrice avait fait faire la correction entière.

Dans l'entrevue, courtoisie parfaite de la part du général en présence de l'impératrice! Défiance, épreuve de la part de l'impératrice! Plans contrariés par ceux du ministre de la guerre!

L'impératrice, non-seulement, ne voulait pas le retour de l'empereur à Paris, mais elle demandait même que le prince impérial ne revînt pas!

Et on parle de l'autorité de l'empereur! mais M. le comte Palikao hésite à reconnaître la nomination du général Trochu résultant d'un décret de l'empereur! Vous vous rappellerez la déposition de M. Magne, disant que porter la défiance contre M. Trochu serait trop dire! et cependant c'est le vrai mot! de la part de tous, c'est la défiance envers lui.

Puis la proclamation aux mobiles devient un nouveau texte! Le général Trochu croyait apporter une force morale : il voulait faire appel aux masses, à la conviction morale! il fallait donc parler un autre langage! ce n'était qu'une expression généreuse dont il s'était servi, et c'est cependant quelque chose qui compromet la discipline!

Ce n'est plus le langage du gouvernement impérial, c'est vrai; mais le général Trochu a d'autres inspirations! Cet appel a la force morale est ce qu'il y a de plus grand et de plus généreux.

Jamais le général Trochu n'a cru à la défense possible du gouvernement dans Paris. L'armée est frappée de douleur par les échecs, la population frémissante : le soldat ne sera pas un instrument de compression.

M. le général TROCHU. — C'est vrai!

Me ALLOU. — Est-ce que ces vaincus glorieux pouvaient lutter au nom de celui qui avait amené cet abaissement! Alors, il a dit une seule chose : « Je vous promets de me faire tuer pour défendre le Corps législatif ou pour défendre l'impératrice attaquée! »

On faisait pendant ce temps le vide autour de lui : la force n'était plus à lui, elle était ailleurs!

Est-ce que le général Palikao a fait un reproche au gouverneur de ne lui avoir jamais fait de rapport! Le gouverneur a été maintenu dans l'isolement, pour pouvoir lui dire ensuite : « Vous ne nous avez pas sauvé, vous aviez mission de n uver! »

Et l'affaire de prussien fusillé sans que le

gouverneur en sût rien. Il avait cependant alors la direction de la justice militaire, aux termes des règlements. Au 25 août, M. le général Trochu écrit à M. le ministre de la guerre pour se plaindre de ce que toutes les mesures sont prises en dehors de lui.

Le 3 septembre au soir, quand le général Trochu revient d'une tournée des forts, il reçoit du général Soumain une lettre qui lui apprend qu'il a directement reçu les ordres du ministre, pour ce qui concerne les mesures à prendre dans Paris en prévision d'une invasion du Corps législatif ou des Tuileries.

C'est qu'en effet, le jour même, le général Palikao avait, dans une lettre où il prétendait que les mesures d'ordre étaient de son attribution exclusive, dit à cet officier général de correspondre directement avec lui.

Vous avez la déclaration de M. le général de Palikao à la Chambre, lorsqu'il disait qu'il avait pris lui-même les mesures nécessaires pour protéger le lieu des séances du Corps législatif.

Qui donc commandait alors, qui commandait les troupes, si ce n'est pas le ministre de la guerre? N'est-ce pas lui, il l'a déclaré lui-même, qui a placé autour de la Chambre ces hommes qui ont mis la crosse en l'air?

Voilà donc quelle était la situation du gouverneur de Paris.

Il a toujours été enveloppé de méfiances, de méfiances descendant d'en haut, méfiances souvent blessantes de la part de quelques membres du conseil des ministres.

L'audience est suspendue pendant une demi-heure; à la reprise de l'audience, Mᵉ Allou continue en ces termes :

A l'heure où le général Trochu se trouva dans ce conseil méfiant, le subissant à peine, il aurait dû donner sa démission! Il a préféré héroïquement continuer son œuvre. Toutes les promesses qu'on lui avait faites disparaissaient peu à peu. C'était un cruel sacrifice! Et l'on vient dire que le général conspirait alors! Qu'il aurait pactisé avec la démagogie;

On avait relevé une contradiction entre le livre de M. J. Favre et le discours de M. Trochu.

Le général aurait déclaré avoir vu M. Jules Favre pour la première fois lorsqu'il le rencontra à cheval, allant vers la Chambre, alors que M. Jules Favre lui aurait dit que le Corps législatif était envahi.

M. Jules Favre disait au contraire, dans son livre, qu'il avait déjà vu le général chez lui, au Louvre, quelques jours auparavant.

M. Jules Favre et M. le général Trochu disent la vérité tous deux. Oui, M. Jules Favre était venu avec différents collègues dans un groupe chez M. le général Trochu, qui ne l'avait pas remarqué, d'autant plus qu'il ne le connaissait pas, quelque notoriété qui s'attachât à ce nom. Les adversaires ont voulu voir une contradiction dans ce fait qui prouverait la coupable entente entre le général et M. Jules Favre. Tout est expliqué en ce moment

Quant aux conciliabules, la journée du général était tellement remplie qu'on ne saurait trouver le moment où ils auraient eu lieu; tout le monde venait et notamment les membres du tiers-parti, ayant affinité d'opinions avec M. Trochu. Ni M. le préfet, ni M. le commissaire de police ne savent rien de précis. C'est quelque chose d'odieux de supposer que le général agitait alors la chute de l'empire qu'il avait consenti à supporter de sa popularité!

Le général Trochu appartient-il aux partis extrêmes? peut-il pactiser avec le parti radical?

Poser une pareille question, c'est la résoudre. Ainsi, il n'y a pas eu de conjuration, il n'y a pas eu de conciliabules. Le général a reçu des députations ardentes et passionnées. Une fois, on a apporté un blessé, disent les rapports de police. J'aurais voulu les voir; au moins encore faudrait-il les présenter pour en avoir la portée et la signification.

Ces rapports, n'est-ce pas M. Pollet, le commissaire de police attaché au gouverneur de Paris, qui les a dressés? C'est probable.

Si c'est lui-même qui a rédigé les rapports, eh bien! il en a donné à votre audience le commentaire le plus énergique.

Quelles paroles a-t-il attribuées au général Trochu?

Il n'a pas dit : Désormais le peuple sera armé et fera

sa police lui-même. Non, il n'a pas prononcé ces paroles.

Plus le péril eût été grand, plus la parole du général eût été hautaine et fière. En présence de ces députations, qu'a-t-il fait, il est descendu dans la cour et il a parlé dans une pensée de conciliation; il n'a pas dit : « La foule va avoir des armes pour lutter contre l'ordre; » il a dit : « Tout le monde sera armé; la patrie en danger fait appel à tous ses enfants. Tous pourront la défendre. »

Mais il y a eu une autre scène, dit-on, vous avez entendu sur ce point le témoignage d'un homme qui faisait partie de l'état-major du général, de M. Lair. M. Lair est un homme d'une grande intelligence, devenu un vaillant soldat en quelques jours et qui a rempli ses fonctions d'officier d'état-major avec une grande distinction. Eh bien! M. Lair vous a déclaré que le général Trochu a reçu cette députation très-haut et très-ferme.

J'ai donc droit de le dire, les souvenirs de M. le préfet de police sont vagues et insaisissables.

Tenez, messieurs, depuis que ces débats sont ouverts, beaucoup travaillent pour nous; peut-être d'autres travaillent aussi pour nos adversaires, je reçois à chaque instant des communications. On m'offre des témoignages, on m'offre des documents, et voici une pièce que l'on m'a adressée : c'est le numéro du journal *la Presse*, qui rend compte de la scène du 3 septembre au soir à l'hôtel du gouverneur de Paris, et qui rapporte le discours fait par le général à la députation qui s'était présentée chez lui.

Il résulte de cet article que, vers neuf heures du soir, le 3 septembre, deux mille personnes se sont dirigées vers l'hôtel du gouverneur de Paris, calmes, criant: «Vive Trochu! La déchéance! »

Le général Trochu répondit à la députation : « Je rentre des forts. J'apprends à l'instant le désastre qui nous accable. Je ne puis accepter d'autres fonctions que celles qui m'ont été confiées par les pouvoirs du pays.

» Je ne consentirai jamais à rien devoir qu'au Corps législatif. Je ne peux vous inviter qu'à la concorde et au patriotisme. »

Voilà la soirée du 3 septembre; à la bonne heure,

voilà le soldat fidèle à son devoir; voilà le général Trochu, c'est bien lui.

Nous arrivons à cette grave accusation dirigée contre le général, d'avoir abandonné l'impératrice. Accusation bien grave, chez nous surtout, où l'on comprend le culte chevaleresque pour les femmes, pour la souveraine; le reproche qui lui est fait de n'avoir pas sacrifié sa vie pour une femme respectable dans son infortune.

Voyons ce qui se passa.

M. Chevreau s'était présenté chez le gouverneur de Paris, et lui avait dit : « Général, vous feriez bien d'aller voir l'impératrice. » C'était le 3 septembre au soir.

Le général rentrait des forts, il était retenu par ces agitations dont on vous a parlé, il répondit : « Je suis bien fatigué ! Je n'ai pas dîné, j'irai ce soir aux Tuileries. M. Chevreau nous a dit qu'il avait rapporté de cette visite une pénible impression.

Le général Trochu apprend le désastre de Sedan, et puis il reçoit la lettre du général Soumain qui lui apprenait qu'il communiquait directement avec le ministère de la guerre, qui lui apprenait qu'il était en un mot destitué de toutes fonctions publiques.

Il dit :« Je ne suis plus rien alors, je n'irai pas aux Tuileries; on me tient à l'écart, qu'irais-je faire aux Tuileries? Cependant le lendemain il va aux Tuileries. Vous avez entendu M. Chevreau, et quand il vous a dit que, lorsque interrogeant l'impératrice sur son entretien avec le général Trochu, l'impératrice a répondu d'un signe : « Il n'y a rien à attendre, il n'y a qu'à désespérer ! »

Rien à attendre comme sentiment du général, non, ce n'est pas là le sentiment de l'impératrice; mais le général Trochu avait dit : « La lutte sanglante est impossible à Paris.

» La force de l'empire est dans le prestige des armes ; les armées ont été vaincues là-bas, et il n'est pas possible de leur faire saisir dans Paris je ne sais quelle espèce de victoire. » Voilà ce qu'avait dit le général Trochu, et voilà le sentiment qu'exprimait l'impératrice en répondant à M. Chevreau.

Le général rentra chez lui.

L'impératrice avait toujours dit, dans son dévouement auquel je rends hommage — n'abaissons pas nos adversaires — qu'elle faisait passer l'Assemblée avant elle.

Dans un article du *Figaro*, pas les articles poursuivis, mais dans un de ces articles de ces jours derniers, on disait : « Ah ! Me Allou aura fort à faire quand ses trois adversaires lui diront : « Mais, répondez à cette question, les questeurs de la Chambre ont été congédiés de l'hôtel du gouverneur sans avoir pu voir le général. »

Le général Lebreton aurait fait briller devant les yeux du général l'offre du pouvoir suprême. Mais où *le Figaro* a-t-il vu tout cela ?

A une heure, à une heure et demie, à deux heures, peu importe l'heure précise, cela n'a aucune importance, M. le général Lebreton vint trouver le général Trochu et lui dit : « Le péril est à son comble, vous seul vous pourrez peut-être dominer la tempête. » Et il répondit : « Je suis la victime d'une situation qui a donné lieu à des bruits abominables.

» Vous voulez que seul je puisse arrêter un demi-million d'hommes qui se presse du pont Neuf à la place de la Concorde? mais un homme n'arrête pas les foules en démence, cet effort, je le tenterai cependant, » et il monta à cheval pour aller au Corps législatif, et il dit au général Schmitz d'aller aux Tuileries.

Au delà du guichet, il fut témoin d'un spectacle inouï, la foule avait envahi les quais, depuis le pont Neuf jusqu'à la place de la Concorde.

Des hommes arrêtèrent son cheval, criant : « Vive la sociale. » Et disant au général : « Tu vas crier la sociale? — Je ne crierai pas, dit le général. » D'autres s'écriaient : « Il a raison. » Ils prenaient son parti. Mais n'anticipons pas. Est-ce vrai, ce que j'avance, le général Lebreton l'affirme dans les mêmes termes que le général Trochu, dans une lettre qu'il nous a adressée.

Ainsi est-ce qu'il n'a pas cherché à calmer la foule en furie? Et cependant il n'avait reçu aucun ordre. Il en attendait, il était en uniforme, prêt à faire son devoir. Il a été jusqu'au pont de Solférino où il a fait la rencontre de M. Jules Favre, qui lui a dit tout est fini, la Chambre est dissoute.

Tenez, messieurs, il y a des gens qui, par un amour immodéré pour la logique, auraient voulu que le général Trochu se fût fait tuer. Mais enfin, pour se faire tuer il faut que quelqu'un vous tue.

Il y a des gens qui sont désespérés qu'après un noble langage le général Ducrot ne soit pas mort.

Non, lorsqu'un brave officier a vaillamment joué sa vie, eh bien ! je suis heureux qu'il n'ait pas été tué, et je suis heureux qu'il conserve une existence utile encore au pays.

Pour l'impératrice ! mais il ne pouvait être aux Tuileries et au Corps législatif ! Il y avait le général Schmitz pour la protéger. Où est le serment oublié du chevalier français? Vers trois heures et demie environ, en revenant, il voit le drapeau des Tuileries qui s'abaisse, et l'impératrice a officiellement quitté le château. Au Louvre, le général Schmitz lui dit que tout est fini, qu'il a vu l'amiral Jurien de la Gravière.

L'amiral vient lui-même au Louvre lui apprendre que l'impératrice est sauvée !

Il reste la déclaration surprenante de M. Busson-Billault, qui a vu, entre quatre heures et cinq heures, après le départ de l'impératrice, par sa fenêtre, le général Trochu à cheval suivi par des bandes tumultueuses ! Mais l'alibi est prouvé. Le général n'a pas eu le temps de rentrer et de sortir à nouveau. Tous les témoins sont contraires à cette déposition. Il ôte son uniforme en rentrant ; il reçoit M. Steenackers qui lui demande de venir à l'Hôtel-de-Ville. Le général Trochu demande à sa femme ce qu'elle pense ; elle lui donne le conseil du devoir.

Et alors il part, mais non pas à cheval ; et il quitte son hôtel, non pas pour aller du côté de la rue Castiglione. Nous comprenons que l'agitation de M. Busson-Billault ait pu amener cette erreur ; il faudrait admettre qu'un officier à cheval ait pu sortir ce jour...

Le général TROCHU. — Cela a été impossible.

Me ALLOU. — A l'Hôtel-de-Ville, le général Trochu arrive dans un cabinet où se trouve le gouvernement nouveau : on lui demande de se charger de contenir l'armée, lui disant qu'il y avait là une foule révolutionnaire qui ne se consolait pas d'avoir été, en 1848, évincée des affaires et qui voulait les reprendre !!!

Il n'y avait pas encore au gouvernement M. Rochefort que M. de Villemessant ne dédaigna pas toujours. M. Trochu voulut aller alors au ministère de la guerre préveni le ministre. Il y arriva à cinq heures.

Et M. Busson-Billault l'a vu à cinq heures rue Castiglione.

Là, le général Palikao, fort troublé, a cru que le général Trochu venait prendre le ministère de la guerre. E cependant le général Palikao savait qu'il y avait une révolution. Malgré sa douleur de famille, il a entendu c mot, qui aurait dû lui faire comprendre ce dont il s'agissait. « Qu'en pensez-vous? »

Cette démarche honorable, il la fait pour dégager so honneur militaire. S'il est un conspirateur arrivé au but que pouvait lui faire le ministre?

Où est la sortie triomphale avec les prétoriens rue d Rivoli? Il y a une erreur, et il est impossible qu'on persévère. Tout l'emploi du temps du général est indiqué

Le 6 septembre, le général Palikao écrivit la lettre suivante :

« Namur, le 6 septembre 1870.

» Mon cher général,

» Lorsque j'ai quitté le ministère de la guerre, par suit de la révolution qui s'est produite dans Paris, mon premier soin a été de venir dans ce pays, chercher des nouvelles de mon fils, dont le sort m'inquiétait vivement. J viens d'écrire à Bruxelles et je compte me rendre à Bouillon, si je puis obtenir un sauf conduit.

» Je croyais en partant que vous me succéderiez comm ministre de la guerre, et à ce titre je vous ai recommand les miens.

» Quant à moi, j'ignore quelle position me sera faite et je n'en sollicite aucune, n'appartenant par aucune attache aux membres actuels du gouvernement.

» Seulement, je crois pouvoir faire appel à d'ancien souvenirs et aux services que j'ai rendus à mon pays pou vous dire que je n'ai aucune fortune et que ma solde d disponibilité m'est indispensable pour moi et ma famille.

» Je ne demande que ce qui m'est dû bien légitimenent, d'après toutes les lois. Je n'ai aucune ambition et e n'en ai jamais eu; je désire finir tranquillement une carrière déjà bien longue et traversée par bien des péripéties, dont la dernière est la plus douloureuse. Je termine cette lettre en vous disant qu'il existe à Namur une grande quantité de matériel, voitures, bagages, chevaux, qui arrivent à chaque instant et sont internés au camp de Beverloo; hommes et chevaux paraissent en très-bon état et sont l'objet des soins les plus sympathiques de la population belge.

» Je vous prie d'agréer, mon cher général, l'expression de mes sentiments d'ancienne affection et de haute considération.

» Comte de PALIKAO. »

Cette lettre diffère évidemment de celle que le ministre adressait au gouverneur de Paris.

Est-ce la lettre d'un militaire resté fidèle à un militaire qui a oublié tous ses devoirs?

Et quand il revient au Gouvernement, il prononce cette phrase chevaleresque : « Etes-vous pour Dieu, la propriété et la famille! » Etait-ce inutile à ce moment! Il dit encore à ses aides de camp : « Je vais faire le Lamartine là-bas. » Ses adversaires le lui reprochent.

Eh bien, c'est un cri de désespoir, d'expiation et de sacrifice. Cela veut dire : Je vais jeter ma grande réputation, ma personnalité intacte, ma gloire pure dans cette partie. Est-ce que nous ne nous rappelons pas cette autre personnalité qui, elle aussi, a jeté sa popularité en pâture à la foule et qui, de déchéance en déchéance, est devenue l'ombre de ce qu'elle était aux grands jours; n'était-ce rien que de se donner en pâture aux articles de Vitu, aux appréciations de Villemessant, et venir enfin devant vous en Cour d'assises !

Il a ses aides de camp auxquels il rappelle combien est difficile la situation, et il les adjure de le quitter. C'est là l'ambitieux!

Et cette lettre à l'amiral Fourichon! Quelle netteté! Quelle simplicité! On lui reproche de prononcer des discours emphatiques; mais cette emphase est la forme de son héroïsme!

Et voilà la conduite de l'homme ambitieux qui vie de prendre le pouvoir suprême. Sauver l'empereur à Ch lons, sauver le pays à Paris en présence de la démagogi Voilà son ambition.

Et c'est au milieu de ces glas funèbres, des désastr de chaque jour, de Forbach, de Reischoffen, que vo parlez de complots contre l'empire, de menées ténébreus qui l'auraient jeté à terre ! Mais l'empire s'est affaissé, e tombé.

L'empire a été mené à sa ruine par sa folie et sa démenc pour avoir fait l'Italie et l'Allemagne en quelques années pour avoir ainsi laissé accomplir l'œuvre des siècles. Il e tombé par suite de l'abaissement et de la nullité des ca ractères écrasés par lui. Il est tombé parce que toutes le forces vives du pays ont été comprimées ! Il est tomb parce que l'empereur disparu, rien n'était plus debout

Je hais tous les coups de force. Je ne crois pas au bonnes révolutions. Ah ! si le Corps législatif avait p continuer son œuvre, que de désastres evités. Nous avon eu le 4 septembre parce que nous avons eu 1848, et nou avons eu 1848 parce que nous avions eu 1830. Je remont toujours, et arrivé devant la grande Révolution française arrivé à l'heure où la Révolution pouvait encore être arrê tée, je regrette que l'on n'en soit pas resté à la grand conspiration de M. Mirabeau.

Mais si je hais les révolutions, je condamne ceux q amènent ces révolutions et les rendent inévitables !

Le 4 septembre, c'est la protestation indignée contr la folie et la démence de la guerre engagée sans prépa ration, pour réparer les folies de l'Italie et de l'Allema gne unifiées.

On pardonne tout en France : on a tout pardonné Louis XIV et à Napoléon Ier, mais on ne pardonne pas l honte !

Mais, où étaient ceux qui reprochent la défaillance d général Trochu? où sont les actes courageux des fidèles où trouvez-vous parmi les partisans de l'empire une réu nion comme celle du Xe arrondissement au 2 décembre où sont ceux qui, si durs aujourd'hui pour le généra Trochu, se sont fait tuer pour l'empire.

Le nom de l'empereur ! mais la majorité elle-mêm

sait plus le prononcer. M. Thiers vous dit dans sa dé-
ition dans l'enquête du 18 mars l'attitude de la majo-
du Corps législatif : « Nous ne pouvons prononcer la
héance sans déshonneur, disaient les députés; don-
-nous la chose, sans le mot! » On allait arriver à un
vernement provisoire, quand l'insurrection profita des
ntages de la surexcitation du moment et envahit l'As-
nblée. Le général Palikao lui-même dit, dans son
e : « Que l'on pouvait pressentir les événements;
au nom de la majorité on lui proposa la dictature! »
Où étaient donc les hommes de la majorité!

Est-ce que le 4 septembre M. Palikao ne proposa pas
gouvernement, une lieutenance générale! Est-ce que
projet-là n'est pas présenté sous la signature de l'im-
atrice!

Et vous reprochez au général Trochu de n'avoir pas été
Corps législatif au nom de l'empereur! Non, ne parlez
de complots, ne prononcez pas le mot de trahison!
gouvernement de l'empire est tombé par terre, et le
vernement du 4 septembre, quelque aient été ses fautes,
s a sauvé de la démagogie. Sans lui nous aurions eu
Commune six mois plus tôt.

l y a une journée plus lugubre que le 4 septembre,
t la journée brumeuse du 2 décembre! Il y avait
de vrais prétoriens sur les boulevards, au milieu
désespoir des bourgeois de Paris, dans cette lutte
s adversaire où une Assemblée était mise en prison,
les grands hommes du pays en sortaient exilés, em-
tant l'honneur et la liberté de la patrie, où en pro-
ce, il y eut ces exécutions sans défense et sans té-
ins. Voilà ce qu'on veut nous donner et nous rendre!
que nos adversaires viennent défendre. Ne parlez
de violence et de surprise pour expliquer le 4 sep-
nbre!

Le *Figaro* n'a pas toujours été aussi dur au 4 septem-
. M. Dumon républicanisait au début.

Me Allou cite à l'appui de son assertion différents
icles du *Figaro* et reprend en ces termes :

Singulière situation! Vous attaquez le général Trochu,
c'est le général Trochu seul qui a voulu sauver l'em-

pereur? Si on avait accepté ses idées, c'était l'empereu à Paris, une armée de secours sous les murs de la ville et peut-être l'empire sauvé !

Voilà ce que j'avais à dire sur le deuxième article que nous déférons à votre haute justice.

Voilà ce que j'avais à dire sur cette accusation d'aban don d'une femme, d'une souveraine; sur cette accusa tion de trahison, accusation que n'appuie aucune pièce assertions audacieuses qui ont été démenties.

J'arrive au dernier point.

Il touche à la question du siége.

La question du siége, M. Vitu ne l'a traitée que par u côté : la bataille de Buzenval.

On a la prétention de faire le procès au général Troch pour sa conduite depuis le 4 septembre jusqu'à la capitu lation. On s'est dit, nous allons le faire juger, puis qu'une bonne fois nous le tenons sur la sellette. J'espèr qu'on ne nous parlera pas tout à l'heure d'autre chose qu de ce dont on a parlé dans les articles incriminés.

Si vous n'aviez parlé que de la conduite du siége, nou n'eussions rien dit ; mais vous avez attaqué son honneur son caractère, le fond de sa vie. Mes adversaires ont fai entendre trois témoins qui ont dit : Si l'on eût trait plus tôt, l'on aurait traité dans des conditions meil leures.

Le général Trochu n'est pas en cause. Est-ce lui qui empêché qu'on ait fait la paix ? Mais c'est le 31 octobr qui en est cause.

Mais lisez la déclaration de M. Thiers; qui a empêch la paix à cette époque, c'est M. Thiers lui-même qui l' déclaré?

Vous savez quelle était l'agitation de la ville ; il étai impossible de traiter alors. Aujourd'hui, il est facile d dire : « On aurait dû traiter plus tôt. » Mais à l'heure d l'exaltation française, quand M. Jules Favre faisait c douloureux voyage de Ferrières, nous le suivions tou des yeux ; et savez-vous ce que disait M. Vitet de c voyage : « Nous ne pardonnons à M. Jules Favre so voyage à Ferrières que parce qu'il n'a pas réussi. » Voil le diapason de cette époque. Mais la lutte, la résistance c'est notre honneur. Est-ce que tous n'ont pas lutté st-ce que les royalistes n'ont pas donné leur sang ; s hommes d'une opinion avancée l'ont versé aussi. La sistance, c'est notre honneur.

Ah! vous croyez qu'il était facile de faire accepter ors à Paris l'abandon de l'Alsace, l'abandon de Strasourg. Mais à Bordeaux même, rappelez-vous que deux nts voix ont voté pour la continuation de la guerre ; ais ce n'est pas le procès.

Il fallait donc faire durer la résistance de Paris, il l'a t, au delà de toutes expressions, il l'a fait non seul, ais avec d'autres; il l'a fait avec M. Chabaud-Latour, e vous avez entendu, et dont cette résistance sera une s gloires. Il l'a fait durer. On espérait toujours une ervention de l'Europe, on espérait toujours que la forie changerait. Il l'a fait avec dévouement. Il est facile lire aujourd'hui, il fallait traiter; mais vous vous ren- compte aujourd'hui, messieurs les jurés, de ces agiions d'alors.

Le général Trochu, dit *le Figaro*, avait dit « le gouverır de Paris ne capitulera pas, et dix jours après, il nveloppait que son honneur militaire dans le linceul.»

D'abord la capitulation n'a eu lieu que le 28 janvier, st vingt-deux jours après et non pas dix jours. Cette érence a son importance.

Vous savez qu'à cette époque avaient déjà paru ces affis rouges qui portaient des signatures bien obscures s, et qui sont celles des chefs de la Commune.

I. Cresson vint trouver le gouverneur, et c'est lui qui r calmer l'effervescence de la population, dicta, rédi- presque la phrase : « Le gouverneur de Paris ne calera pas. » Il ne capitulera pas; mais est-ce qu'il avait mis de ne pas capituler devant la faim ?

ous dites que Buzenval a été un assassinat; mais, ons, cherchez à vous entendre et à vous concilier. le reproche ordinairement fait à Trochu, c'est de oir pas assez utilisé ces forces vives de Paris, et vous eprochez d'avoir fait couler un sang inutile.

ais, Paris affolé voulait un nouvel effort, et après Bu-al, les maires voulaient encore une sortie, la sortie entielle. Trochu refusa. Alors, on lui dit : « Donnez e démission. » Il dit : « Non, destituez-moi. »

Il y eut une réunion au ministère de l'instruction publique. On avait convoqué les colonels, les chefs de bataillon.

Là on a demandé : « Y a-t-il un homme de génie qui puisse nous sauver encore? qu'il se lève. » Aucune main ne s'est levée dans la foule; et alors on est retourné chez le général Trochu; on lui a demandé un nouvel effort.

« Je n'en tenterai pas un second, ce serait, dit-il, un sacrifice inutile. J'ai le sentiment de la situation tout entière.

Permettez-moi de conclure, messieurs.

Le procès, le voilà. Le général Trochu, c'est un homme de cœur, un homme d'honneur, dont le devoir a toujours été la devise fidèle et constante. Il a été diffamé et outragé de la manière la plus odieuse.

La diffamation, je vous l'ai montrée.

L'outrage n'est-il pas dans ces mots : « Le général Trochu, au musée de Mme Tussaud, entre Troppmann et Dumolard. » Vous comprenez? Le général Trochu, l'assassin de Buzenval, à côté de Troppmann, l'assassin de Pantin! »

L'outrage ne se retrouve pas dans ce rapprochement. Ces mots du maréchal Mac-Mahon au camp de Châlons : « Je le crois un honnête homme, » et plus tard, devant la commission d'enquête : « Je le croyais un honnête homme. » Jamais le maréchal Mac-Mahon n'a voulu dire ça.

Je suis plus embarrassé avec le général Chargarnier, s'il fallait donner mon opinion sur ce point, c'est que le général Changarnier a tenu le propos. Il n'aurait pu le confesser. Le général a mieux aimé ne rien expliquer. L'outrage n'en existerait pas moins dans la reproduction de ce propos.

Et maintenant j'ai fini!

Démosthènes, à la fin d'une de ses plus belles harangues disait aux juges : « Quand vous sortirez d'ici, vous irez tranquilles à vos affaires, l'un au forum, l'autre au bain l'autre ira surveiller le travail de ses esclaves. Pourquoi Parce que au-dessus de vous, vous avez la protection de la loi, vous aurez ces garanties. »

Eh bien ! ses garanties de la loi, n'ai-je pas le droit de les revendiquer au nom du général Trochu?

Nous avons été très-modérés dans la poursuite de ce procès, dans la plainte. Le jour où M. Vitu s'est livré, s'est déclaré l'auteur des articles, ce jour-là, si M. de Villemessant se fût retiré, nous ne l'aurions pas appelé devant vous, pas plus que nous n'avons appelé l'imprimeur.

Mais M. de Villemessant a revendiqué si allégrement son rôle, il a déclaré si hautement que ces articles il les avait commandés, qu'il avait bu du lait en les lisant, que vous aurez, messieurs, à apprécier cette jouissance l'alors.

Le Figaro, j'ai un reproche à lui faire, je ne veux pas lui reprocher sa légèreté et ses propos joyeux ; je ne réponds pas que pour me délasser, en voyage, quelquefois on n e trouve un de ses numéros entre mes mains. Je ne le blâme pas de représenter la gaieté française agitant ses grelots.

Je comprends bien cette situation de M. de Villemessant. Il cherche à plaire à ses lecteurs, et il y avait du vrai dans cette phrase, où il disait : « Les lecteurs ont le journal qu'ils méritent. Il a sa Némésis, qui a mis le général Trochu en odes, en ballades, ce n'est pas la Némésis de Barbier, ce n'est pas la Némésis d'André Chénier.

Le Figaro se dit un journal légitimiste, il se dit un journal religieux, et il lutte avec *l'Univers*, il dit qu'il a trois mille cinq cents abonnés qui sont ecclesiastiques ; ils peuvent lire avec plaisir les articles de M. Saint-Genest, mais je me demande leur impression lorsqu'ils lisent la deuxième et la troisième page de ce journal; mais ce que je reproche au *Figaro*, c'est son caractère dissolvant et énervant en politique. La lutte entre les partis pourrait être plus épouvantable que ce que nous avons vu encore.

La guerre civile, non plus à Paris seulement, mais dans toute la France, dans nos provinces, dans toutes nos villes !

Ah ! je maudis ceux qui, dans un sentiment d'égoïsme de parti, déchaîneraient sur nous de pareilles humiliations

Unissons-nous et soutenons le gouvernement qui, de ce que la France était y a un an, a fait ce que nous voyons aujourd'hui.

Nous avons un programme à remplir, la libération du territoire, la paix publique, que tous y prêtent la main, les bonapartistes aussi; il n'y a d'exclusion pour personne.

Espérons de l'avenir, Dieu sauvera encore la France!

De vifs applaudissements se font entendre après cette magnifique plaidoirie qui a duré près de six heures, et pendant laquelle chacun était suspendu aux lèvres de l'orateur.

M. le président donne la parole à l'organe du ministère public.

M. l'avocat général MERVEILLEUX-DUVIGNAUX s'exprime en ces termes :

Si le ministère public n'avait qu'à soutenir une accusation, il n'aurait rien à dire; mais il s'agit, dans ce débat, d'un procès pour ainsi dire civil, dans lequel le ministère public a son avis à donner. L'instruction s'est faite à l'audience, et j'ai a vous exposer la conviction que je me suis faite à l'audition des témoins.

Une chose m'a frappé. Il fallait le courage du général Trochu pour faire ce procès : un procès de presse et de diffamation. N'est-ce pas l'homme qui a eu, pendant des mois, la grande responsabilité dans le naufrage. Et tout individu a une opinion formée sur le général Trochu, opinion qu'il ne peut abandonner sur le seuil de l'audience. Je ne crains pas de dire que l'on a ce sentiment que le général Trochu a commis des fautes, surtout à la fin ; mais ce n'est pas ce que nous avons à juger.

Son adversaire, c'est le journal *le Figaro*, le plus universellement lu, qui, grâce à de certaines industries, pénètre partout, a presque formé une génération à son image, et qui use de sa puissance pour former l'opinion publique et même de ses juges. La réputation du général a été attaquée avant les articles incriminés. Bien plus, alors qu'il semblait au moins décent d'attendre la décision de la justice et de ne plus parler du procès, on a publié la préface du procès !

Cette série d'articles finit même par s'adresser directement aux jurés eux-mêmes et par dire qu'on est d'avance assuré du verdict. Dans un autre journal, un ancien collaborateur, dont on emprunte l'article, qualifie le procès dans des termes que je ne veux pas dire. Si l'adversaire du *Figaro* avait agi de cette façon il n'y aurait pas eu de blâme pour de pareils agissements.

Ce n'est pas dans la province, ni à l'étranger, qu'on a pu atteindre la décuple élection du général Trochu. Mais les souvenirs sont vivants à Paris, là où nous avons souffert de ce qu'on a fait et de ce que l'on n'a pas fait; de ce que le général Trochu a dû souffrir, a eu le tort de souffrir.

Malgré tout, je me sens indépendant et je vous sais indépendants.

Le général Trochu aurait pu user d'un droit qui se trouve dans la loi : La suspicion légitime. Il ne l'a pas fait, et il y a là quelque chose qui inspire confiance dans la parole du général Trochu, à cause de cette marque de confiance en vous !

Le général a passé sous silence les plaisanteries, les allusions perfides : Il n'a en vue aujourd'hui que son honneur attaqué, et il vous demande de le juger, car c'est lui qu'il s'agit de juger et non pas *le Figaro !* Il ne s'agit pas ici, en effet, d'une diffamation ordinaire, mais d'une diffamation où le diffamateur a le droit de faire la preuve des faits qu'il allègue !

Il s'agit ici d'un fonctionnaire contre lequel cette preuve est permise, et les témoins que vous avez entendus tendaient à faire cette preuve ! L'acquittement du *Figaro*, pour le public, vous le comprenez, ce sera la preuve que le général Trochu a été accusé avec fondement, et que vous avez reconnu l'existence des faits qu'on lui reproche.

Si le général gagne son procès, le journal y gagnera, et ce sera un simple accident dans la vie du journaliste, condamné si souvent pour délits de presse et même pour outrage à la morale publique.

Le général se plaint d'un outrage et d'une diffamation. D'un outrage, c'est-à-dire d'une imputation telle que l'on ne peut répondre; d'une diffamation, c'est-à-dire d'une imputation portant atteinte à son honneur et à sa considération.

C'est la vie entière du général que l'on a attaquée.

Me Allou y a répondu, chef par chef. Je n'ai pas à revenir sur ce point. Sa carrière n'a été que noble et pure, se retirant devant tout ce qui pouvait sentir l'intrigue. Je ne dirai rien de ces conciliabules, de toutes ces imputations, mais je dois m'étendre sur ce qui a été appelé la trahison du général Trochu.

Est-il traître pour avoir accepté la présidence du gouvernement qui a remplacé le gouvernement déchu! — C'est ainsi que je touche à ce qu'il y a de plus douloureux : la moralité politique. A cette question de conscience que doit se poser un homme lié à un gouvernement qui le lendemain accepte des fonctions d'un autre gouvernement, malgré ses engagements précédents, je n'ai ni formule ni casuistique pour les fonctionnaires qui agissent ainsi : ce serait trop délicat. Il faut mettre la main sur son cœur et se demander ce que réclame la nécessité publique. Il faut improviser sa résolution. Pour trahir, il faut avoir voulu trahir.

Le général Trochu, lié par des serments solennels réitérés, n'a pas résisté, parce que tout était fini. Il a vu à l'Hôtel-de-Ville les hommes de l'opposition systématique qui n'avaient jamais voulu que détruire, et qui, effarés, avaient la responsabilité du pouvoir. Derrière eux, les gens de la Commune qui les pressaient, leurs alliés d'hier. Le général seul pouvait rallier l'armée, réunir à ses côtés les hommes d'ordre : lui seul a pu, au moment de l'effondrement, paralyser toute l'horreur de la chute.

Est-ce que les honnêtes gens n'ont pas été rassurés lorsque l'on a entendu dire que le général Trochu était à la tête des troupes? Est-ce la trahison? Je sais qu'il est difficile de faire admettre à l'opinion publique, à ce courant de la presse, qu'il n'y ait pas là un fait blâmable; mais est-ce la réponse de vos consciences!

Vous n'avez pas à prononcer sur la gestion du général Trochu, sur ses opérations, sur la capitulation, non! c'est bien la question de diffamation se présentant dans ces termes : « Le général Trochu est-il un traître? »

Qu'il y ait des fautes commises, que ce gouvernement ait commis de grandes fautes! que le général ait des regrets sur sa conduite ! là n'est pas la question du procès.

On vous a parlé des devoirs et des droits dus à la souveraine déchue ! Je sais ce qui est dû à cette infortune ! Mais que pouvait le général !

Oui, *le Figaro* est conservateur, il a de bons principes à certains jours, mais pourrait-on le laisser sous les yeux d'un enfant. Et c'est là le justicier ! M. de Villemessant boit du lait en lisant ces articles, et c'est un justicier !

Il y a le sentiment de la haine pour celui que nous ne pouvons encore juger ! pourquoi encore ce mot perpétuel de trahison.

Après avoir étudié cette affaire, vous vous direz devant Dieu et devant les hommes, que les accusés sont coupables.

Me GRANDPERRET. — La séance est trop avancée pour pouvoir plaider aujourd'hui. Je répondrai à M. l'avocat général et à mon éminent contradicteur sur tous les points, j'en prends l'engagement d'honneur.

L'audience est levée à cinq heures et renvoyée à lundi dix heures.

Audience du 1er avril.

L'audience est ouverte à dix heures et demie.

Me GRANDPERRET prend la parole.

Messieurs les jurés, je viens vous soumettre la défense de M. Vitu, qui se présente avec confiance devant votre haute et indépendante justice. C'est la première fois qu'il soutient une lutte judiciaire : c'est un écrivain resté toujours fidèle à ses premières convictions et digne à ce titre de votre bienveillante attention.

On relève contre lui deux délits : celui de diffamation et celui d'outrage. Il dénie l'outrage et prétend n'avoir pas diffamé. Il a avancé des faits, et il n'y a eu que quelques expressions malsonnantes dans les articles.

Si le premier chef provoque un grave débat, le deuxième n'arrêtera pas longtemps votre attention. On a cru justifier la diffamation en y ajoutant la prévention d'outrage; c'était pour obtenir une petite condamnation consolante; mais il n'en reste rien. L'attention ne saurait, dans un pareil débat, descendre jusqu'à se plaindre de certaines expressions et certains mots malsonnants quand il s'agit de répondre du sang répandu à Buzenval et du rôle pris dans le gouvernement du 4 septembre et de l'exemple de fidélité politique donné au monde par la conduite du général Trochu.

Ce sont-là des récriminations subalternes! Les procès d'outrages ne sont d'ordinaire engagés que par de très-humbles fonctionnaires qui ont à sauvegarder la petite part d'autorité qui leur est dévolue. Mais quand l'ancien chef du gouvernement du 4 septembre vient demander la réparation d'expressions malsonnantes, comment ne pas se rappeler le passé! Comment tant de susceptibilités quand on a toléré tant d'infamies, tant de répugnantes images, tant de caricatures repoussantes, tant de vils et odieux pamphlets (murmures); sur ce délit d'outrage, il ne restera rien! Car, que trouvons-nous? le mot de Troppmann! Il est de mauvais goût : M. Vitu tient assez bien une plume pour s'entendre dire cela, mais cela rappelle une des caricatures dont je parlais. Dans une balance, n'a-t-on pas vu figurer d'un côté Troppmann et de l'autre... l'empereur; et l'empereur, cela va sans dire, l'emporte.

Quant aux paroles attribuées à M. le général Changarnier, il ne reste plus rien. Vous avez vu le général entendre les questions pressantes qu'on lui a posées : on a mis une rare opiniâtreté à le presser, et rarement j'ai vu tant d'insistance. Mon éminent contradicteur, avec des nuances infinies de langage, a pressé cet habile tacticien : mais si mon confrère faisait le siége du général Changarnier, celui-ci avait promis de ne pas capituler, et il a tenu parole. (Hilarité.)

Dans la lutte entre l'avocat et le général, je faisais des vœux ardents pour mon confrère, parce que je savais ce que répondrait le général, s'il voulait s'expliquer : malgré toutes ces escarmouches, le général s'est toujours dérobé, et il n'a pu être battu! Tout le monde a compris que si M. le général Changarnier n'avait pas tenu le propos, il aurait répondu résolûment non. Ce propos avait été tenu, avait été colporté, et M. Vitu tient le mot d'un éminent écrivain, M. Giraudeau. Voici, en effet, la lettre qui établit le fait de la façon la plus formelle.

Il en est de même de la parole de M. le maréchal de Mac-Mahon. Dans la commission d'enquête, le maréchal a dit qu'il avait répondu à l'empereur, parlant du général Trochu : « Je le crois un honnête homme ! » Et il a répété dans cette enquête ce qu'il avait dit à l'empereur, en ajoutant : « C'était mon opinion ! »

A l'audience, le maréchal, interpellé si quelque chose avait fait modifier cette opinion émise au camp de Châlons, a répondu, et tout le monde a compris, il a répondu : « C'était mon opinion ! »

Faudra-t-il revenir sur cette prévention d'outrage? Nous le verrons plus tard ; mais je vais présenter quelques observations sur le délit de diffamation.

M. Vitu n'a écrit dans des articles véhéments, passionnés, que des choses qu'il croit et croyait vraies. Il ne s'agit pas, pour M. Vitu, de défendre sa modération, mais sa bonne foi; toutes mes observations tendront à cet effet.

M. Vitu traitait des sujets sur lesquels on ne peut être modéré; je resterai dans le procès et je plaiderai le procès qui n'a pas et ne peut pas avoir le caractère que veut lui donner M. le général Trochu ; ce n'est pas le débat entre l'empire et M. le général Trochu, car M. le général Trochu ne peut s'élever à la hauteur d'une dynastie. (Sifflets et applaudissements.)

Je viens parler du 4 septembre et de la journée de Buzenval. On vous a dit que nous avions cherché dans ce procès une tribune pour y apporter des regrets et des espérances. Nous sommes au banc de la défense, et cet honneur nous suffit. Une tribune! mais c'est vous qui en aviez besoin, après l'échec subi à une autre tribune; c'est vous qui aviez besoin d'une tribune nouvelle pour faire une tentative nouvelle devant l'opinion publique. On a parlé de nos regrets et de nos espérances. Ceux que vous avez attaqués se respectent assez pour n'avoir pas d'autres espérances que celles partagées par le pays lui-même.

On a parlé de passions politiques. De passions politiques ! nous n'en avons qu'une; c'est celle qui consiste à respecter notre pays, à souffrir de ses douleurs, à vivre de ses espérances, c'est de n'avoir pas d'autre passion que celle de la patrie.

Que mon honorable contradicteur me permette de lui dire qu'il réserve ses malices et ses insinuations pour le jour où il occupera une place à l'Assemblée nationale, place qui est due à la dignité de son caractère et je lui promets alors une réponse digne de lui.

Je dirai d'abord à M. le général Trochu qu'il aurait pu s'inspirer des conseils donnés dans un discours de M. le président de la République.

C'est une autorité qu'on peut, qu'on doit consulter. Dans un discours de 1868, M. Thiers réclamait la faculté de discuter non-seulement avec liberté, mais même avec haine. « Quand vous en arrivez, disait-il, aux agents de l'autorité, à tous les degrés, ceux-là il faut les discuter sans mesure... »

Que demandiez-vous autrefois ? La liberté de nous discuter, oui ; de nous calomnier, oui; d'imputer des faits vrais ou faux, oui. Et M. Glais-Bizoin s'écriait : « Oui, voilà la vraie liberté ! » Et M. Thiers reprenait : « La liberté d'exciter contre nos personnes la haine, le mépris, cette liberté, nous l'acceptons encore. »

Remarquez, messieurs, que si ce principe s'appliquait aux ministres, dans les temps paisibles, à plus forte raison doivent-ils s'appliquer à ceux qui ont pris le gouvernement dans les conditions où M. le général Trochu a pris le pouvoir le 4 septembre.

Je rencontre dans le même discours de M. Thiers un autre passage qui conciliera mieux tous les suffrages, et que je cite plus volontiers : « Je vous le demande, quel est l'homme honnête que la presse ait pu amoindrir par ses dénigrements. Nos généraux vont à la frontière braver les boulets de l'ennemi, nos hommes publics doivent braver l'injustiee, le dénigrement. Sans ce courage, on n'est pas digne de mettre la main aux affaires publiques. »

Je ne revendique, messieurs, pour personne ; je ne revendique pas pour M. Vitu le privilége du dénigrement et de la calomnie; mais les paroles de M. Thiers semblent s'adresser au général Trochu : « La presse, mais tôt ou tard la presse en vient à honorer ce qui est bien, à flétrir ce qui est mauvais; la seule postérité juge les hommes sur leurs actes. » Attendez le jugement qui suivra les passions du jour; attennez patiemment; mais si vous sentez au fond de votre conscience quelque trouble, si vous ressentez quelque doute, si vous êtes inquiet à quelque souvenir, alors n'espérez pas qu'à l'aide d'une frêle digue vous arrêterez l'opinion publique.

Nous venons vous parler de Buzenval et du 4 septembre.

Parlons de Buzenval d'abord.

Me Grandperret lit le passage de l'article incriminé, relatif à l'affaire de Buzenval. Le voici :

« 19 janvier 1871 ! Anniversaire d'un jour de deuil, où le sang le plus pur coula dans une entreprise ténébreuse, que la conscience publique a flétrie du nom d'assassinat ! Au moment où les régiments de marche de la garde nationale furent lancés à travers le brouillard contre les batteries prussiennes, le gouvernement de la prétendue défense nationale était déjà résolu à capituler.

» Une seule chose troublait ces âmes de sycophante : ils craignaient l'indignation de la population parisienne et ses suites possibles, quant à la sûreté de leurs précieuses personnes. Ils s'attendaient à être écharpés. « Le gouverneur de Paris ne capitulera pas, » avait dit le général Trochu dans une proclamation solennelle. Et cependant il savait qu'avant dix jours il aurait rendu la ville, les forts, les fusils, les canons de l'armée, payé 200 millions de contributions de guerre, et signé, avec les préliminaires de la paix, l'abandon implicite de l'Alsace et de la Lorraine.

» Contre son attente, le farouche bombardement qui dévastait la rive gauche n'avait pas ébranlé le courage des Parisiens. L'expédition de Buzenval fut résolue. C'était l'élite de la jeunesse qu'on envoyait au feu. Les résultats étaient prévus : le lendemain du désastre, la garde nationale et la population viendraient supplier le gouvernement de mettre fin à une boucherie inutile, et le gouvernement déférerait, non sans résistance, aux vœux de la population.

» Vains calculs ! crime sans résultat !

» La consternation fut grande, il est vrai. Presque tous

les morts portaient des noms connus dans le monde, dans les lettres, dans les arts, dans la marine et dans l'armée : H. Regnault, Frank Mitchell, Perodeaud, Seveste, Perelli, Montbrison, Lesseps, Coriolis, Rochebrune! Pardonnez-moi, chers morts, de ne pas vous citer tous! Mais si l'on pleurait, on ne songeait encore qu'à vous venger. On lisait avec plus d'étonnement que d'épouvante les dépêches en style macabre où le gouverneur cherchait à méduser la population, en ne lui parlant que de blessés, de brancardiers, de morts et d'enterrements. Rien n'y fit ; les Parisiens demeurèrent stoïques. Ce que voyant, le gouverneur et le gouvernement prirent leur parti et se dirent : « Eh bien ! nous capitulerons tout de même ! »

Voilà ce qu'a écrit M. Vitu.

Il a dit que Buzenval a été une effusion de sang inutile, une bataille livrée sans espérance; une diversion donnant la facilité d'échapper à la fureur de l'irritation patriotique des autres. Vous dit-il je vais vous apprendre ce qui n'a jamais été dit sur Buzenval, je viens apporter une accusation nouvelle; non, il se place au cœur, au centre de l'opinion publique; il se borne à dire que l'opinion publique s'est soulevée contre la bataille de Buzenval.

Qu'avons-nous à prouver? Que M. Vitu a dit vrai en affirmant que la conscience publique s'est soulevée contre la bataille de Buzenval; s'il le prouve, le général Trochu n'a pas le droit de le poursuivre, car M. Vitu a le droit de dire la vérité à M. Trochu.

J'ai de bien nombreux documents, mais je ne ferai qu'un emprunt à chaque ordre de documents : journaux, livres, enquête parlementaire. La presse, d'abord, qu'a-t-elle dit?

Voici un article publié dans un journal que dirige M. Henri de Pène, il est intitulé : *Le crime du 19 janvier.*

« Nous en demandons pardon à nos lecteurs. Il s'en trouve parmi eux dont nous allons exaspérer les plaies encore saignantes; il est des cœurs meurtris que nous allons crucifier pour la deuxième fois. Mais avons-nous bien le droit de compter avec la douleur maintenant?

C'est notre pain quotidien de l'avenir. On n'en vit pas; on peut du moins apprendre à n'en pas mourir.

» On se souvient peut-être qu'il y a environ trois semaines, nous avons rapporté ici même le propos incroyable tenu par un officier supérieur, devant qui on parlait de la défense et de la garde nationale.

» La défense est impossible, disait-il; quant à la garde nationale, puisqu'elle y tient absolument, nous lui ferons faire une saignée et ce sera tout.

» C'est en nous rappelant cette phrase que nous avons écrit ces lignes, et cette phrase nous a été remise en mémoire par la nouvelle note du *Journal officiel* d'hier, sur ces pertes subies par la garde nationale mobilisée dans la bataille du 19 janvier.

» La voilà donc cette saignée qu'on nous avait promise! Elle a peut-être été un peu plus abondante qu'on ne l'eût souhaité. Mais bah! une fois n'est pas coutume, et l'on savait bien qu'on n'y reviendrait plus... »

Ici quelques mots, dit Me Grandperret, adressés au général Thomas et que je passe sous silence, parce que sa mort a fait tout oublier. L'article continue :

« Nous le disons au général Trochu et à tous ceux qui, de près ou de loin, ont porté la main à cette soi-disant affaire du 19 janvier. Vous avez commis un crime, un crime de lèse-humanité, un crime de lèse-nation, un crime de lèse-conscience!

» Le général Trochu et les autres savaient que Paris allait capituler. Ils savaient qu'il n'y avait plus de vivres en magasin et que les armées de secours étaient trop loin pour que désormais il nous fût possible de les attendre.

» Mais on ne pouvait décemment capituler qu'au lendemain d'une bataille, c'est-à-dire d'une défaite, — les deux mots sont devenus synonymes pour nos généraux de Paris! — Cependant on fait toutes les dispositions pour qu'un succès soit impossible, car qu'en aurait-on pu faire? Montretout était imprenable, disait-on : on chargea la garde nationale de le prendre!

» Ah! Vous avez voulu vous battre, braves gens, vous avez demandé à entendre de près le canon prussien. Allez-y, si vous pouvez, et revenez-en si Dieu le veut!

Mais du moins Paris ne pourra plus rien nous reprocher et nous pourrons en finir.

» Avouez-le, général, voilà quelle a été votre secrète pensée.

» Voilà l'historique de la journée du 19 janvier. Et, pendant ce temps-là, M. Jules Favre taillait la plume qui devait signer la capitulation, et le général Trochu invoquait Loyola pour trouver un moyen de ne pas être pris en flagrant délit de mensonge, avec sa fameuse déclaration : « Le gouverneur de Paris ne capitulera pas. »

» Et Loyola lui répondait : La saignée faite, on entama les négociations avec Versailles.

» Avais-je raison d'appeler un crime cette journée du 19 janvier; un crime préparé, prévu, combiné, avec aggravation de guet-apens. Car, interrogez tous ceux qui sont revenus de cette sinistre échauffourée, et ils vous diront que, de tous ces canons fondus à Paris à si grand' peine depuis cinq mois, pas un seul n'a donné la réplique à l'artillerie ennemie.

» Braves gens que vous étiez. C'était pour mieux vous laisser entendre la canonnade prussienne.

» Dormez en paix, soldats morts sans profit, mais non sans gloire, et s'il est vrai que par delà la tombe, les ombres reviennent parfois chez les vivants, que les vôtres aillent hanter les consciences coupables du crime du 19 janvier. »

L'article de M. Vitu est bien terne à côté de celui que je viens de vous lire.

La surexcitation était extrême, et c'était le résultat de ces bulletins mensongers; la conscience publique, vous le voyez, était soulevée contre cette affaire de Buzenval.

Dans le livre de M. Sarcey, *le Siége de Paris,* voici ce qu'on lit :

« On assurait qu'un des vieux généraux, parlant de cette expédition, avait dit en propres termes : « Ces blagueurs » de gardes nationaux veulent absolument qu'on leur » fasse casser la gueule, on va les y mener. »

» Ce propos soldatesque avait été traduit par ces journaux dans un style moins pittoresque, mais plus académique. « La garde nationale veut une saignée, nous allons la lui faire faire. »

» La bataille est perdue et voici les réflexions qui arrivent : Ainsi ce serait donc toujours la même chose? Toujours on nous parlerait de ces masses énormes d'artillerie qui, arrivées à la fin du jour, changeaient la face du combat. Qu'avait-on fait de ces centaines de canons que nous avions, par élan de souscriptions patriotiques, fait fondre et offerts au gouvernement de la défense nationale. Apparemment, il les gardait pour les offrir aux Prussiens le jour de la reddition. Ce ne fut qu'un cri : « On n'est pas si maladroit que cela. » Puis, la réflexion aidant, on se demande : Est-ce bien vraiment maladresse?

» Ne serait-ce pas plutôt calcul ? Ne veut-on pas, en effrayant les imaginations, incliner les Parisiens à l'idée d'une capitulation ?

» Ceux qui pensaient ainsi, et ce fut bientôt tout le monde, faisaient remarquer la façon dont le *Journal officiel* venait d'annoncer les nouvelles qui lui étaient arrivées de province par pigeons... »

Ainsi M. Sarcey dit que « tout le monde, » et M. Vitu dit que la « conscience publique » s'était révoltée contre l'affaire de Buzenval : n'est-ce pas la même chose?

Une publication autorisée à porter le nom de M. Picard, parle des mêmes faits et des mêmes sentiments !

Malgré tout, on n'assigne que M. Vitu ! Et pourquoi? C'est qu'on ne pouvait, cela se comprend, assigner l'opinion publique; c'est qu'on ne peut faire dicter par vous le respect ou le discrédit sur la mémoire des hommes de ce temps; c'est qu'on ne peut vous faire dire, dès à présent, si le général Trochu a pris le pouvoir avec dignité! Ce débat appartient à la conscience nationale et dépasse les mesures des réquisitoires et des plaidoiries.

Ainsi, sur Buzenval, M. Vitu n'a fait que reproduire l'expression de l'opinion publique; et s'il a dit la vérité à M. le gouverneur de Paris, il en a le droit, la loi en mains.

Voici ce que dit un témoin dans la commission d'enquête :

« Ils disaient : Que voulez-vous? à Champigny, nous avons été vainqueurs; si on n'avait pas arrêté notre élan, nous approchions du but. Ne croyez-vous pas que ceux qui nous ont conduits dans des aventures semblables ne soient pas coupables et que la peine de mort serait trop douce pour eux? »

Je vous cite leur langage. Ils allaient jusqu'à dire pour l'affaire de Montretout : « Ne vous a-t-on pas dit dans les journaux, au nom du gouvernement, qu'on n'avait fait la dernière sortie que pour donner une satisfaction morale à la garde nationale. Ne nous l'a-t-on pas dit à nous-mêmes, nous officiers, ne nous ont-ils pas réunis pour nous déclarer ceci : On vous a donné la satisfaction que vous vouliez, la garde nationale a été au feu, vous vous êtes bien conduits; mais on ne peut pas percer les lignes des Prussiens, il faut se rendre. Alors pourquoi nous a-t-on conduits au combat, si on ne croyait pas pouvoir percer les lignes ennemies. »

M. le général Vinoy a jugé sévèrement la dépêche par laquelle on faisait connaître les pertes en morts et blessés; il la qualifie d'alarmante et d'exagérée. Cette dépêche : « Il faut maintenant parlementer d'urgence à Sèvres pour un armistice de deux jours, qui permettra l'enlèvement des blessés et l'enlèvement des morts.

» Il faudra pour cela du temps, des efforts, des voitures très-solidement attelées et beaucoup de brancardiers. »

M. Vitu a dénoncé cette dépêche, mais, ici encore, n'est-il pas avec l'opinion publique. M. Sarcey, dans son livre dit, en effet: « Il semblait, en vérité, qu'il s'agît de déblayer le champ de bataille de Waterloo. »

Et le général Vinoy dit de son côté : « La journée du 19 janvier ne fut pas aussi meurtrière que pourraient le faire supposer la longue durée du combat, la violence du feu de l'artillerie ennemie pendant le jour, et la vivacité de la fusillade qui termina la bataille. » Mais Paris tout entier fut frappé d'une profonde et indicible stupeur à la lecture d'une dépêche du gouverneur prescrivant « de parlementer d'urgence à Sèvres, pour un armistice de deux jours, et déclarant « qu'il fallait du temps, des efforts et beaucoup de brancardiers ! »

Cette dépêche, non moins alarmante qu'exagérée, devait jeter un trouble douloureux dans la population qui avait vu partir pour le combat qui venait de se livrer un grand nombre de ses enfants. Cependant le chiffre des hommes tués ou blessés ne dépassait pas 3,000 hommes, et c'était là une perte relativement peu considérable pour une lutte où près de 85,000 hommes avaient été engagés.

Vous comprenez le poids de la parole de ce général. La population a considéré cette dépêche comme destinée à exploiter le sang versé à Buzenval pour arrriver à capi-tuler.

Enfin, j'en appelle à M. le général Trochu lui-même, dans son discours à l'Assemblée, intitulé : *Une page d'histoire politique et contemporaine.* « La France est vaincue, elle est humiliée, elle est ruinée. Elle en demande la raison ; il faut la lui dire, et je la lui dirai. »

Un peu plus loin, M. le général Trochu continue :

« Oui, parlant du pays au pays, je lui montrerai qu'il a préparé de ses propres mains sa ruine. »

Puis M. le général Trochu énumère les fautes que je résume. Le pays a déserté le contrôle de ses affaires, le contrôle de l'institution militaire; il a permis que la noble et austère fonction des armes devînt une industrie ; il a permis que s'introduisît dans les mœurs publiques un double fléau : le luxe anglais et la corruption italienne. « C'est à ce double fléau, s'écrie le général Trochu, que vous devez ce douloureux abaissement de virilité sociale, qui expliquerait à lui seul les résultats de la campagne de 1870. »

Et enfin, M. Trochu ajoute : : « J'offrirai à l'Assemblée une page d'histoire militaire et politique contemporaine qui sera seule authentique. »

Quel est donc ce censeur osant parler de la France à la France? Elle est vaincue, humiliée, et c'est moi qui le lui dirai? Je tracerai une page d'histoire politique et contemporaine? Qui donc a rendu de si illustres services pour parler un tel langage ! Qui s'est élevé assez haut pour faire entendre de tels enseignements et de tels amertumes ! Vous avez le droit de vous agenouiller devant la patrie et non de la juger !

Ah ! demandez au vainqueur de Reischoffen, de Gravelotte ! demandez aux glorieux vaincus de nos batailles de l'armée du Rhin, s'ils se sont battus comme des gens de la noble profession des armes. Faites le compte des exemples de courage de nos armées, et demandez à nos sœurs, à nos mères, si on sait ce que c'est que cette corruption italienne !

La vraie cause de nos désastres, c'est nos funestes et criminels dissentiments intérieurs; ce sont nos antagonismes et nos divisions !

S'il n'y avait chez nous que deux camps entre ceux qui veulent la stabilité du bien et la stabilité du mal, oh ! nous pourrions être indulgents pour nous-mêmes; mais tous s'épuisent dans une âpre ardeur, tous s'épuisent dans une radicale impuissance ! Et même lorsqu'on parle de conciliation, comme on l'a fait avant-hier, on ne le fait qu'avec l'amertume à la bouche !

Si nous étions plus serrés, plus confiants, comme nous pourrions compter sur les trésors de vitalité du pays, et comme nous serions sûrs de voir remonter ce flot de la grandeur française !

Quelles étaient les pensées du général Trochu à la veille de Buzenval !

Il a commencé par croire que la défense de Paris ne pouvait aller au delà de deux mois, parce qu'il n'y avait pas d'armée de secours ! La défense de Paris était « une héroïque folie. » Il résume ensuite les efforts de la défense, non l'exécution de ce fameux plan, consistant à faire sortir 50,000 hommes de Paris vers Rouen ou vers le Havre pour gagner la mer. Que pouvait devenir la défense après l'abandon de ce plan !

La nouvelle du succès de Coulmiers renversa toutes nos combinaisons et tout l'avenir du siége de Paris.

Paris vit dans le succès de Coulmiers, non pas un accident heureux, mais une marque, un présage certain de nos victoires de l'avenir. A partir de ce jour, se forma dans la population, dans la garde nationale, dans la presse, dans les municipalités de Paris, dans le gouvernement surtout, l'esprit que voici : il faut sortir de Paris, marcher au devant de l'armée victorieuse et résoudre ainsi le grand problème qui pèse sur le pays.

C'est vainement que j'expliquais que c'était là une théorie et des espérances auxquelles les faits ne répondraient pas. Il fallut marcher au devant de l'armée victorieuse, sans tenir aucun compte des efforts accumulés dans la direction d'Orléans. Ce fut là, je le répète, dans l'esprit de Paris, la date d'un véritable vertige, on considéra que, pour battre l'armée prussienne, il ne s'agissait que de renouveler l'effort qui avait créé le succès de Coulmiers.

Je dus transporter de l'ouest à l'est tous les préparatifs que j'avais faits dans la plaine de Gennevilliers. Ce fut un travail immense que je croyais à peine possible.

Je doute que jamais général en chef ait rencontré dans le cours des faits qui créent sa responsabilité un accident plus douloureux que celui que je viens de vous montrer, car j'étais bien assuré que quand j'aurais fait, plus ou moins impuissamment, l'effort très périlleux que j'allais tenter, je ne trouverais plus libre la direction de Rouen ; et, en effet, quand j'y revins, l'ennemi occupait Rouen, et il allait jusque dans les murs du Havre.

Paris était définitivement abandonné à lui-même. Pour moi, il l'avait toujours dit.

Voilà qui qui est étrsnge ! La pensée du général Trochu avait absorbé toute la défense ! Il est forcé d'abandonner cette pensée ! Il est poussé dans une pensée contraire. Il est forcé de faire passer ses préparatifs de l'ouest à l'est, et il reste ! Ceci est étrange pour mon intelligence ! Comment abandonnez-vous ce plan ! Comment cédez-vous à une pression funeste ! Si vous êtes contraint, pourquoi restez-vous au pouvoir ? Pourquoi abandonnez-vous vos savantes espérances ? C'est inintelligible.

On livre les batailles de la Marne.

Après ces batailles, M. le général Trochu déclare que Paris était abandonné à lui-même.

Et, dans un instant, je vous montrerai que la paix a été refusée à cette époque par M. le général Trochu lui-même !

On se bat encore le 21 décembre, depuis la Ville-Evrard jusqu'au Bourget, au Bourget où s'était distingué un jeune commandant de mobiles, qui donna, ce sont les Allemands qui le disent, un spectacle étrange et terrible : un homme qui semblait seul tenir tête à nos colonnes profondes. A chaque décharge, on le croyait frappé à mort, et, lorsque la fumée s'élevait, cet homme, on l'apercevait encore, tête nue, chargeant ses armes et faisant feu.

Cet homme, on n'avait pas fait figurer son nom au *Journal officiel*, et il a fallu que l'opinion publique protestât contre cet oubli pour que le nom d'Ernest Baroche fût mis au *Journal officiel*. Après cette bataille, l'armée est ramenée dans ses cantonnements, puis le bombardement commence, et l'intrépide Ducrot vient dire qu'il n'y a plus rien à faire.

Il faut, dit-il, se renfermer dans la défensive jusqu'à ce que nous soyons arrivés à nos dernières bouchées de pain.

A la veille de Buzenval, le succès était-il possible dans la pensée de Trochu? Non, que pensait le général Trochu. Ce que pensait M. le général Trochu, M. Kératry va vous le dire. Voici comment il s'exprime devant la commission d'enquête :

UN MEMBRE. — Pensez-vous qu'avec le concours effectif du général Trochu, vous eussiez pu avoir une puissance suffisante sur la Commune?

M. KÉRATRY. — Oui, monsieur, je le pense d'une façon absolue, j'ai la plus grande déférence pour le général Trochu; mais à mon avis, sa conduite des affaires prête à une juste critique, parce qu'il est parti d'un principe faux.

Jamais le gouverneur de Paris n'a cru à une défense efficace. Or, quand on ne croit pas à la possibilité d'une entreprise, il est souverainement imprudent et dangereux d'en accepter la direction. Sans cesse, le soir, à l'Hôtel-de-Ville, il répétait que la défense était impossible; que Vanves et Issy tomberaient fatalement avant quinze jours aux mains des Prussiens, et que nous ne pouvions que chicaner l'ennemi.

C'était son mot favori. Chaque fois qu'une affaire de quelque importance, heureuse au début, s'achevant toujours par la retraite, avait eu lieu, il se félicitait en nous disant : « Nous les avons encore un peu chicanés. » Il était de bonne foi; il ne tentait la résistance que pour l'honneur.

Pour moi, voilà toute l'explication de ces sorties tronquées et avortées contre l'ennemi.

Avec un pareil plan, il était impossible de rencontrer le succès. Quand on n'a pas la foi, on ne la communique pas à toute une population aussi prompte à toutes les sensations. Et puis, est-il bien, sous l'empire de semblables prévisions, de sacrifier hommes et millions pour paraître marcher à un réultat qu'on croit irréalisable et intangible?

Mieux vaut ne pas retenir le pouvoir quand on se sent impuissant pour l'exercer.

Pour moi, il cherchait à gagner du temps vis-à-vis des agitateurs de l'intérieur, tandis qu'il en perdait vis-à-vis des Prussiens; et je reste convaincu que si le général Trochu s'était montré plus énergique et plus vigoureux, jamais la Commune, privée du premier coup de ses chefs véritables et intimidée dans ses couches inférieures, ne se fût installée à Paris.

Qu'est l'article de M. Vitu en présence de documents pareils. « Est-il permis de sacrifier des hommes et des millions pour paraître marcher vers un but irréalisable? »

« Si M. Trochu avait eu une autre attitude, jamais la Commune ne se serait installée à l'Hôtel-de-Ville. » Ce qu'a dit M. Vitu a été dit partout dans les journaux, dans les livres et dans les enquêtes parlementaires.

Voici encore ce qu'a écrit M. le baron Stoffel; il m'est pénible, messieurs, d'accumuler tous ces documents, il n'est pas dans mes habitudes de me complaire au milieu de tant d'amertumes; mais je suis au banc de la défense et je dois faire mon devoir.

Voici ce que disait le baron Stoffel :

« Qant à la défense de Paris, attendez, mon cher ami, pour vous former un jugement, que la lumière se fasse. Ne croyez rien de ce que diront les personnes intéressées ou les membres de cette détestable société, dite d'admiration mutuelle, qui nous trompe et nous déprave depuis plus de trente ans. Ils abusent de notre crédulité et de notre vanité nationale pour représenter la défense de Paris comme une défense sublime.

» Mais suspendez votre jugement, et je vous donnerai des renseignements qui vous démontreront que le commandant en chef a fait de la défense de Paris un épisode où le grotesque le disputait au lugubre, et que son ineptie y a atteint de telles limites qu'elles ont touché de près au crime. »

Je vous ai dit le nom de celui qui a écrit cet article, le baron Stoffel; qu'est-ce que l'article poursuivi à côté de ces témoignages ! Vraiment, je me demande si ce procès n'est pas un procès insensé.

De tous côtés arrivent des témoins qui s'écrient : mais ce que vous avez dit, nous l'avons dit avant vous avec plus d'autorité que vous ; non, messieurs, ce n'est pas un débat qu'on puisse étrangler en Cour d'assises, vous ne le voudriez pas.

Mais ce mot de crime, vous le trouverez dans le discours de M. le général Trochu lui-même. Ce mot de crime, il l'a prononcé, il a dit après Buzenval : une nouvelle tentative, ce serait un crime; mais ce qu'on lui reproche, c'est de l'avoir prononcé le lendemain de Buzenval, alors qu'il savait la veille qu'il n'y avait plus rien à faire. Qu'a-t-il dit lui-même?

C'est lui qui parle :

« Il fut décidé en conseil qu'alors que nous n'aurions plus que sept jours d'existence devant nous, M. Jules Favre irait traiter à Versailles d'un armistice qui était en fait une capitulation devant une partie de la population et toute l'armée de la démagogie, qui s'y refusaient absolument. » (Enquête sur le 18 mars, séance du 26 juin 1871, p. 29.)

Voici la déclaration du général Trochu :

Donc, quand on préparait la bataille du 19, on savait que la capitulation était inévitable.

Le rapporteur de la commission d'enquête l'a reconnu lui-même : « Ce combat, décidé seulement le 16 janvier, fut livré sans grand espoir de succès par les chefs militaires, mais le gouvernement voulait apaiser l'opinion publique. »

C'est horrible, n'est-ce pas ? Voilà ce qu'il disait dans les conseils du gouvernement !

Et alors vous comprenez comment cette bataille a été conduite, soit par découragement, soit par impéritie. — Je ne me permets pas d'en juger. — Mais enfin je sais ce que tout le monde a dit et répété, l'encombrement, les mauvaises dispositions, le retard de l'aile droite, ce mur crénelé et devant lequel tant de gardes nationaux ont succombé, ne pouvant l'abattre à coup de canon, et cette incohérence de mouvements qui ont fait que les nôtres se fusillaient. Quelle moralité a tirée le général Trochu de ces événements, il l'a dit lui-même :

« J'ai cité ces exemples pour montrer qu'il n'est pas sage de conduire à la guerre des troupes qui, bien qu'animées du meilleur esprit, manquent d'organisation, et dont le commandement n'a pu être solidement constitué à tous les degrés de la hiérarchie.

» Soyez sûrs que, lorsqu'à la guerre, on accumule devant des troupes régulières des troupes qui ne le sont pas, le désastre qu'on va inévitablement recueillir est directement proportionnel à l'importance numérique des foules qu'on a menées à l'ennemi. »

Mais, ce que nous avons dit, tout le monde l'a dit, il faut amener à côté de nous ceux qui ont parlé avec nous; tous les témoins que vous avez entendus et accompagnés de ce cortége et plutôt perdu dans cette foule, c'est ainsi que nous vous demandons à être jugé. Au nom de la conscience publique, au nom du pays, au nom de l'histoire, vous ne voudrez pas nous condamner.

Est-ce que le général Trochu peut s'affranchir de la discussion publique, comme il s'est affranchi quand il s'en est remis au général Vinoy?

Le général Trochu dit : Mais, je n'ai pas donné ma démission, j'ai été révoqué; mais, cependant, M. Vitu ne peut pas savoir mieux que M. Jules Favre ce qui se passait au sein du conseil.

Je ne comprends pas, d'ailleurs, comment le général Trochu, démissionnaire comme gouverneur de Paris, pouvait rester président du gouvernement de la défense.

Enfin, démission ou révocation, il était temps d'en finir.

Même après la capitulation, le général Trochu communique encore avec les journaux qui publient une lettre où on lit : « Que, par une muette et solennelle protestation, les portes soient fermées, et que l'ennemi les ouvre par le canon auquel Paris désarmé ne répondra pas. »

Et c'est alors que M. le général Trochu vient ainsi attiser les colères !

La commission d'enquête a jugé cette lettre, et M. le marquis de la Roche-Thulon la blâme dans les termes suivants : « Le général Trochu écrivit, ce jour-là, une lettre où il déniait aux vainqueurs le droit d'entrer dans l'enceinte des remparts. Cette protestation était un nouveau ferment de discorde dans Paris. Aussi les 25, 26 et 27 février, des manifestations tumultueuses se répétèrent sur divers points, et spécialement au pied de la colonne de Juillet. Partout les canons sont enlevés et transportés à Montmartre. Les magasins sont fermés, les fusils et les munitions pillés. »

Et voici ce que dit, dans le rapport sur l'enquête du 18 mars, M. le marquis de la Roche-Thulon :

« A un des Conseils de guerre qui précéda le combat de Buzenval, un général discutait un plan d'attaque lorsqu'un membre du gouvernement de la défense nationale s'écria : « Général, ce n'est pas cela, il faut que la garde » fasse une grande sortie. » Le général lui répondit : « La » garde nationale n'est pas organisée pour livrer un com» bat en rase campagne. »

« — Cela ne fait rien, général, répliqua le membre du » gouvernement, l'opinion publique ne s'apaisera que » quand il y aura 10,000 gardes nationaux par terre. »

L'audience est suspendue pendant une demi-heure.

A la reprise de l'audience, Me Grandperret continue en ces termes :

Vous parlerai-je de la carrière militaire du général Trochu?

Je n'ai pas la pensée de protester contre les éloges qu'on lui a décernés. Je m'empresse de le reconnaître. Toute sa carrière en Afrique, en Crimée, en Italie, a été très honorable, très brillante. Son courage et son mérite, qui les contesterait ? Mais je voudrais vous montrer qu'il n'a pas été comme il l'a dit, comme il l'a cru, l'objet de la malveillance gouvernementale, au contraire, M. le général Trochu a eu la carrière la plus heureuse.

Il était chef d'escadron en 1850; chef d'escadron de l'état-major; il était alors aide de camp du général Neumayer; on vous a raconté un incident de la fin de l'année 1850; quand on remonte à des faits si anciens, il est facile de leur donner la physionomie que l'on veut. Mais s'il a éprouvé la disgrâce qui a frappé le général Neumayer, cela dura peu, car le lieutenant-colonel, quelques temps après, le 3 janvier 1852, est grand officier de la Légion d'honneur.

Un an après, il entre au ministère de la guerre sous le maréchal Saint-Arnaud, en octobre 1851. Le maréchal avait organisé un service considérable relatif au personnel, aux opérations de l'armée, au recrutement, à la gendarmerie. On avait besoin d'un officier sûr pour ce travail important et pour des services des plus confidentiels : M. Trochu fut nommé directeur adjoint.

On a dit que M. Vitu avait diffamé M. Trochu en parlant de la participation du général Trochu au coup d'Etat, et à ce sujet on a parlé d'une lettre de famille du général Trochu. Nous avons entendu cette lettre, qui certainement n'a pas été communiquée à son ministre !

Cinq semaines après le 2 décembre, M. Trochu entre au ministère dans la période dictatoriale, sous les ordres du ministre de la guerre ayant fait les actes de décembre. Si le ministre l'a choisi, c'est qu'il avait confiance en lui. M. A. Vitu était donc dans le vrai en disant que ce qui avait trait aux commissions mixtes était dans le service de M. le ministre de la guerre. Je n'en parlerais pas (Murmures), et je pourrais le faire avec indépendance, car je n'ai pas eu de connivence avec les commissions mixtes!

Pour devenir colonel, il faut deux ans de service dans le grade de lieutenant-colonel. On arrivait à la fin de 1852 sans que M. Trochu pût être inscrit au tableau d'avancement, n'ayant pas les deux années complètes. Par faveur spéciale, on le porta sur le tableau de 1853, sans droit établi. Il faut deux ans pour passer du grade de lieutenant-colonel au grade de colonel : le général Trochu attendit dix jours après les deux ans. Venait ensuite le grade de général de brigade. Il était en 1853 le trentième sur la liste. Onze colonels morts ou retraités, et parmi les autres, quatre ont été nommés après quatre ans de services au moins. M. Trochu passa après un an et dix mois de service. Venait ensuite le grade de général de division. Le Dictionnaire de Vapereau indique 1859 : il a été nommé au moment de l'entrée des troupes en Italie.

Plus tard, on lui proposa le commandement de l'expédition de Chine, qu'il refusa, parce qu'il exigeait en outre la qualité de ministre plénipotentiaire, dont était investi M. le baron Gros.

Il fit partie, avec les maréchaux et quelques généraux de division, de la commission nommée pour la réorganisation de l'armée.

Vous savez le reste!...

On a parlé de ce secours de 20,000 fr. reporté par le général à l'empereur, aux Tuileries. Je comprends le sentiment du général, mais l'empereur n'a pas voulu avoir le dessous, et il a donné un bureau de tabac à Paris, ce qui valait plus, et M. le général Trochu a accepté et exprimé sa reconnaissance en termes chaleureux.

Voilà la défaveur persistante du général Trochu.

Il en parlait souvent et avec aigreur. Il y a toujours eu des personnages bien traités qui ont été continuellement mécontents. Les souverains les traitent de deux façons : ou bien comme Philippe II on fait un véritable martyr d'un courtisan toujours mécontent, ou bien comme le prince d'Orange, Guillaume III, des Anglais, ils disent : Il a voulu passer pour victime; j'ai pris plaisir à le désappointer, sauf à la veille du 4 septembre dont il faut parler, non que j'apporterai des considérations sur le 4 septembre, car je ne plaiderai que mon procès, exclusivement soucieux de le gagner!

Le 18 août, M. Trochu revient à Paris avec le titre de gouverneur. L'empereur vaincu l'envoie sous le poids d'une immense douleur. L'empereur n'a plus le commandement de l'armée! Il cherche pour la défense de Paris une grande intelligence et un grand cœur, et il nomme M. le général Trochu!

Ah! c'est un hommage que d'être choisi par un souverain qui tombe! c'est un hommage à un homme de cœur!

M. le général Pajol, dans un écrit sur la bataille et la capitulation de Sedan, dit : « L'Empereur avait quitté l'armée de Metz après en avoir confié le commandement au maréchal Bazaine; il se dirigea de Verdun sur Châlons, où il devait trouver réunis les débris du 1er corps (Mac-Mahon), le 5e (de Failly), le 7e (Douai), et le 12e, nouvellement formé, sous le commandement du général Trochu. »

On a dit qu'on avait voulu s'abriter derrière la popularité de M. Trochu. Vous vous rappelez dans quelle circonstance cela se fit. L'empereur demanda à M. le maréchal Mac-Mahon, non pas un homme populaire pour s'abriter derrière lui, mais un honnête homme; et c'est en qualité d'honnête homme qu'on a choisi le général Trochu.

Nous rencontrâmes à Suippes ce dernier, qui venait se mettre à la tête de ses troupes; il monta dans le wagon de l'empereur, prit avec effusion les mains de Sa Majesté, et lui exprima, dans les termes les plus chaleureux, les sentiments d'un attachement profond et d'un dévouement très expansifs. Je relate ce fait sans malice et non pour l'opposer à ce qui s'est passé depuis, mais uniquement pour vous montrer qu'à cette époque nous étions autorisés à faire fond sur la sincérité du général.

Le lendemain de notre arrivée, un Conseil de guerre eut lieu. Le général Trochu en a raconté depuis les détails à la tribune de l'Assemblée nationale, mais rien alors ne transpira sur ce qui y avait été arrêté. Seulement nous apprîmes que le commandant du 12e corps cédait son commandement au général Lebrun et partait immédiatement avec le titre de gouverneur de Paris, emmenant avec lui — et sur sa demande expresse, — les dix-huit bataillons de la garde mobile de la Seine. Nous fîmes la réflexion que ces jeunes troupes auraient été un appoint considérable dans l'armée, déjà faible, tandis qu'ils ne pouvaient et ne devaient être dans Paris qu'une cause de désordre. Ils avaient déjà, vous le savez, donné au camp de Châlons des preuves d'une indiscipline qu'ils n'auraient sûrement pas manifestée devant les Prussiens.

Ces réflexions furent faites à Paris, où on ne comprenait pas le retour de ces troupes, dont la jeune turbulence pouvait être fâcheuse. Il y eut des discussions bien vives entre le ministre de la guerre, le conseil des ministres et l'impératrice. M. le général Schmitz vous l'a dit lui-même.

Vous savez dans quelles circonstances ce retour a eu

lieu. M. le maréchal Mac-Mahon vous a dit que l'empereur a dû céder.

Si MM. Schmitz et Berthault n'ont pas entendu cela, c'est que l'empereur a été moins communicatif avec les généraux de brigade. D'ailleurs, M. Mac-Mahon a dit devant la commission d'enquête que le retour des mobiles à Paris avait été la condition *sine quâ non* de l'acceptation du général Trochu.

M. le général Trochu a dit dans son discours à l'Assemblée qu'il avait été convenu que l'empereur reviendrait à Paris, et que le maréchal Mac-Mahon ramènerait les troupes sous les murs de Paris.

Le retour de l'empereur avait été décidé, mais la crainte de l'insurrection a empêché ce retour : il a préféré rester au milieu de l'armée.

L'empereur était alors dans une situation fausse : vaincu, il avait la responsabilité ; vainqueur, le maréchal Mac-Mahon était le triomphateur jusqu'à ce que l'admirable loyauté du maréchal Mac-Mahon ait revendiqué la responsabilité de tout ce qui a été fait.

Sur le retour à Paris, ce n'était pas l'avis de M. le maréchal Mac-Mahon. Il vous a dit que le 17 août il avait la pensée d'établir des communications avec le maréchal Bazaine, sous les ordres duquel il était ; le même jour il envoie un colonel à cet effet, et le surlendemain, le 19, il reçut une réponse.

M. le maréchal MAC-MAHON. — Non, le 17 au soir.

M. le maréchal Mac-Mahon recevait une réponse le 17 au soir. Le 19, le maréchal recevait un autre avis du maréchal Bazaine, qui lui disait qu'il était trop loin et qu'il ne pourrait le rejoindre, et il engageait le maréchal Mac-Mahon à agir seul.

M. le maréchal MAC-MAHON. — A la suite de cette lettre-là et d'une autre lettre qui m'engageait à le faire, j'ai effectué mon mouvement. Le 17, on ne savait ce qui avait eu lieu à Mars la-Tour. Je lui demandai ses ordres. A neuf heures, nous connûmes la bataille de Rezonville. Sur ces entrefaites, le camp de Châlons alla à Reims. J'avais décidé alors d'aller à Paris. Le 21, j'eus d'une autre part des renseignements sur Paris et je changeai mon mouvement sur Paris. (Applaudissements.)

Mᵉ GRANDPERRET. — La parole du maréchal clot le débat sur ce point. (Léger mouvement.)

On a dit que tous les mouvements avaient été effectués par un intérêt dynastique! Si cela était, on aurait fait de l'armée une force politique : au contraire, on dégarnit Paris parce qu'alors on croyait à la réunion des deux armées!

Le maréchal Mac-Mahon ne pouvait abandonner l'armée de Metz! L'opinion de se rallier sur Paris était sérieuse; mais il y avait la grande pensée de la jonction des deux armées!

Pour le général Vinoy, ce fut de même. De Paris on l'envoya vers l'armée du maréchal Mac-Mahon.

L'intérêt gouvernemental fut bien agité, mais l'intérêt du pays l'emporta!

Le général Trochu a dit dans son discours à l'Assemblée qu'il était revenu avec une proclamation annonçant le retour de l'empereur et que l'impératrice avait fait rayer le nom de l'empereur.

Vous comprenez l'émotion poignante de l'impératrice en présence de cette imputation, et elle la réfuta vivement dans la lettre à la princesse Anna Murat, dont voici un passage :

« Dans un récit fantastique, il ose me présenter comme une ambitieuse prête à trahir le pays et l'empereur, voulant effacer son nom d'une proclamation pour des raisons que le général seul a pu trouver dans son cœur, mais qui, grâce à Dieu, n'ont jamais eu de place dans le mien.

» Il côtoie la vérité comme il a côtoyé les Tuileries sans y entrer. Il s'empare d'un fait réel pour le dénaturer. La première phrase de sa proclamation, dont il me montra le projet dans la nuit du 17 août, annonçait que *le général précédait l'empereur seulement de quelques heures.*

» Lorsque l'éventualité de ce retour fut écartée, il fallait nécessairement modifier cette phrase. J'en fis l'observation au général, et *c'est là l'incident* dont il profite pour me prêter un rôle odieux. Vous qui savez que l'empereur m'est devenu plus cher depuis nos malheurs; vous qui savez combien j'admire son abnégation, son courage, son calme inébranlable en présence des plus viles calomnies, croyez-vous que j'eusse choisi un tel moment pour le renier? »

Et M. le général Trochu vient dire : J'ai été un des derniers à faire figurer le nom de l'empereur !

M. TROCHU. — J'ai été le dernier ! ! !

Me GRANDPERRET. — M. le général Trochu est envoyé à Paris par l'empereur, pour précéder l'empereur, et le nom de l'empereur ne s'y trouvait pas! Le général Schmitz lui fit observer qu'il ne parlait pas du souverain, et alors, mais alors seulement, il rédigea la phrase que vous savez. Vous savez la vérité. Oui, il avait été convenu que l'empereur viendrait à Paris : on change cette destination, on change le passage, mais la nomination par l'empereur, on la biffe ! ! !

Et l'impératrice, l'âme en lambeaux, si ferme et si digne, aurait fait cela! L'impératrice, qui avait donné une impulsion si ardente à la défense, aurait agi ainsi !

C'est le 4 septembre qui a désorganisé la défense nationale. Vous avez entendu M. le général Chabaud-Latour vous dire qu'il avait 100,000 ouvriers ; qu'après le 4 septembre, il lui a fallu huit jours pour reconstituer ses ateliers. Elle avait fait venir les mobiles à Paris, et le gouvernement du 4 septembre a trouvé la défense toute préparée. (Murmures.)

Il est inutile de vous rappeler tout ce qui a été fait à cette époque. C'est dans ces dernières journées qu'a été proférée cette dernière parole de S. M. l'impératrice au général Trochu : « Si nous rappelions les princes d'Orléans. » Le général Trochu a dit qu'il pensait qu'on lui tendait un piége, qu'il interrogea son ami l'amiral Jurien de La Gravière ; il lui dira ce qu'il pense du frémissement patriotique qui élevait à cette hauteur l'âme de l'impératrice ; qu'il interroge M. Chabaud-Latour : l'impératrice disait : « Il ne s'agit pas de sauver l'empire, il faut sauver la France.

Vous l'avez vue cette malheureuse souveraine sur ce douloureux calvaire et vous ne l'avez pas secourue ! (Applaudissements et murmures.)

La séance du Corps législatif commence; les mesures avaient été prises par le préfet de police, très-bien prises. L'Assemblée était très-bien gardée par des forces municinales. Le flot révolutionnaire était maintenu à distance.

Alors M. de Kératry monte à la tribune. Il fait entendre l'interpellation suivante : « Messieurs, la dignité de la Chambre, qui est le seul pouvoir qui représente la nation, veut que nous soyons gardés, non par des gardes de Paris et par des sergents de ville, mais par la garde nationale. Je m'étonne que le ministre de la guerre ait donné des ordres contraires à ceux du général Trochu, et, par conséquent, je suis obligé de dire que le ministre de la guerre a forfait à ses devoirs !

Dès que les forces de police furent retirées et que la garde nationale seule resta, la salle des séances du Corps législatif fut envahie. Que faisait alors le général Trochu ?

Voici son récit :

« J'arrivai ainsi, Messieurs, après plus d'une heure de lutte, foulant aux pieds de mon cheval, à chaque instant et quoique je fisse, cette multitude qui me pressait, j'arrivai à l'angle du pont de Solférino. Là, je dus m'arrêter absolument, ayant perdu mes deux aides de camp qu étaient loin. J'étais comme figé au milieu de la foule, et il ne m'était plus possible de reculer.

Je parlementai, cherchant à m'ouvrir un passage. Un homme de grande taille parvint jusqu'à moi. Je ne le connaissais pas, il était très ému; il me dit : « Général, où donc allez-vous ? — Je vais tâcher de sauver l'Assemblée. — A l'heure qu'il est, l'Assemblée est envahie, j'y étais; je vous l'affirme; je suis M. Jules Favre. »

M. Jules Favre ajouta : « Voilà le comble du désastre : une révolution au milieu de la défaite des armées ! Et soyez sûr que la démagogie, qui voudra en bénéficier, jettera la France dans l'abîme si nous n'intervenons. Quant à moi, je vais à l'Hôtel-de-Ville, et c'est là que doivent se rendre les hommes qui entendent contribuer à sauver le pays. »

Je lui répondis : « Monsieur, je ne puis prendre à présent une telle résolution. »

« Et nous fûmes séparés par la foule. Ce n'est que très tard, une heure après, peut-être, que je pus regagner la cour du Louvre et rentrer à l'hôtel. »

Voilà la déclaration de M. le général Trochu. Ainsi il dit à la face du pays qu'il ne connaissait pas M. Jules

Favre, et le général l'avait reçu avec M. Ernest Picard, avec M. Ferry, avec M. Tirard et M. Montanier. Il y avait eu une entrevue qui avait été demandée par écrit, et qui avait duré deux heures...

Signes de dénégation de M. le général Trochu.

Mᵉ GRANDPERRET : Les dénégations du général ne peuvent infirmer ce qui a été déclaré à l'audience.

Mᵉ GRANDPERRET parle ensuite de la théorie de la force morale, dans la lettre adressée par le général au journal le *Temps*. Il y a, dit l'avocat, plusieurs forces morales; il faut nous entendre : il y a la force morale vraie, mais il y a aussi celle qui consiste à souffler au milieu des populations une surexcitation qu'on ne peut plus ensuite comprimer.

Il y a la force morale qui prépara le 18 mars!

Il y en a une autre résidant dans les caractères et dans les actes!

Voici ce que dit M. J. Favre dans son livre, sur l'entretien :

« Dans le long entretien qu'il voulut bien m'accorder le dimanche 21 août, il s'explique avec une entière franchise. J'étais accompagné de mes collègues, MM. Picard et Jules Ferry, et de quelques électeurs de Paris, au nombre desquels se trouvaient M. Tirard et le docteur Montanier. La conversation n'avait rien d'intime, et le général presque seul en fit les frais.

Cet incomplet résumé ne peut donner qu'une bien faible idée du discours qui nout tint sous le charme pendant près de deux heures. Tour à tour, simple et incisif, quelquefois véhément, prodigue d'images, toujours abondant, le général semblait prendre plaisir à soulager son âme par cette éloquente effusion. Il nous témoigna en nous congédiant une affectueuse cordialité.

Voici ce que dit M. Jules Favre de cette rencontre si singulière :

« Nous venions (MM. Jules Favre, de Kératry et Jules Ferry) de dépasser la grille Solférino, lorsqu'au milieu d'une masse de peuple, je vis le général Trochu suivi de son état-major et venant à nous au petit pas. Notre colonne fit halte un instant. Je fendis la presse, et, tendant la main au général, je lui fis connaître en quelques mots 'événement de la journée. Il n'y a plus de gouvernenent, ajoutai-je; mes amis et moi allons en constituer un l'Hôtel-de-Ville; nous vous prions de rentrer à votre [uartier et d'y attendre nos communications. Le général ie fit aucune objection et s'éloigna au trot du côté du ouvre. »

M. Kératry, dans la commission d'enquête, s'est exrimé sur ce point dans les termes suivants :

« A cette heure critique le dénoûment était tout indiqué; j'engageai M. Jules Favre à marcher sans retard ur l'Hôtel-de-Ville, certain que j'étais que nous rencontrerions le général Trochu dont le concours était nécesaire à l'union pacifique de la Révolution. Nous nous nîmes en marche par le pont de la Concorde, M. Jules Favre et moi en tête. M. Jules Ferry marchait derrière ous : une population immense nous escortait et nous touffait presque, tel était l'enthousiasme.

» Nous rencontrâmes, sur le quai des Tuilleries, en face e Conseil d'Etat, le général Trochu à cheval, entouré de on état-major; il était évident qu'il attendait là que les événements s'accentuassent pour prendre des résolutions conformes, avant tout, aux nécessités de la défense naionale. Nous avions le droit de penser ainsi. En effet, ıne délégations de la gauche, composée de MM. J. Simon, Ernest Picard et moi, s'était rendue quelques jours auparavant à sa résidence du ministère d'Etat et il était réulté clairement des explications échangées dans un trèsong entretien que le général voulait rester étranger à oute action politique et ne s'occuper uniquement que les attributions militaires; mais, à ce moment si critique, on rôle devait forcément se modifier : il fallait qu'il se prononçat sur l'instant pour ou contre les événements qui 'accomplissait. »

Voici le récit de M. Floquet tel qu'il résulte de sa déposition devant la commission d'enquête sur le 18 mars.

« A la hauteur du pont Royal, nous avons rencontré un général à cheval, accompagné de deux aides de camp, qui se dirigeaient vers le Corps législatif. On me dit que c'était le général Trochu, que je ne connaissais pas de igure.

J. Favre, auprès de qui je me trouvais, lui tendit la

main; ils causèrent. Je n'entendis pas ce qu'ils se dirent, mais bientôt le général tourna bride, et, pendant qu'il s'en allait vers la place du Carrousel, la colonne continua sa marche vers l'Hôtel-de-Ville.

M. J. Favre n'est pas pour le général Trochu un inconnu, vous le savez. Le général lui tend la main! le général va au Louvre attendre les communications.

N'aurait-il pas dû aller ailleurs?

Il ne va pas voir ce qui a eu lieu; il ne va pas au ministère de la guerre, il ne va pas voir un membre du gouvernement; il rentre au Louvre attendre des communications!

Il reçoit ces communications et il va où on l'appelle.

Il va, suivant une expression qui restera, faire le Lamartine à l'Hôtel-de-Ville!

On a voulu sauver le mot en rappelant la conduite de Lamartine en 1848. Oui, Lamartine a montré un courage héroïque à lutter contre cette foule. Devant ces fusils braqués sur lui, il a déchiré le drapeau rouge. Le général Trochu aurait eu ce courage, j'en suis sûr, mais le 4 septembre, il n'allait à l'Hôtel-de-Ville que pour cueillir le fruit révolutionnaire qui s'appelait la présidence du conseil.

Je ne veux que son témoignage pour savoir ce qui s'est passé. Voici sa déposition devant la commission de l'enquête du 18 mars sur ce point :

Je ne sais si les hommes que j'apercevais pour la première fois, excepté M. Jules Favre, que j'avais vu le matin même, étaient véritablement des usurpateurs se jetant sur la proie du pouvoir : je dois dire qu'ils n'en avaient pas l'apparence.

L'un d'eux me dit : « Général, nous voudrions que, dans cette crise redoutable, le pouvoir ne tombât pas entre les mains de ceux qui sont là, à côté... Si vous consentez à être ministre de la guerre du gouvernement provisoire, demain, à votre nom, se rallieront les officiers et les soldats; l'ordre pourra être maintenu à Paris. »

Je répondis qu'avant de prendre une telle résolution, je devrais aller rendre compte de ce qui se passait au ministre de la guerre de qui je dépendais; et immédiatement je me rendis au ministère, où je trouvai le général

Palikao livré à une profonde douleur : il croyait que son fils, le colonel de Montauban, officier de mérite, avait été tué à Sedan. Il me reçut cette fois avec la plus grande cordialité : « Général, me dit-il, la révolution est un fait accompli ; si vous ne prenez pas la direction des affaires, tout sera perdu ; si vous la prenez, tout sera peut-être encore perdu, mais les troupes iront à vous. »

Je rentrai à l'Hôtel de-Ville et je dis au gouvernement provisoire qui s'était, en mon absence, augmenté de M. Rochefort : « Si vous voulez qu'au milieu de ces douloureux événements je sois spécialement utile, il faut que je sois le président du gouvernement (c'était M. J. Favre qui l'avait été jusques-là), et je fus à l'unanimité nommé président. Telle est, messieurs, l'histoire abrégée, mais rigoureusement exacte de ce que j'ai vu et su de la révolution du 4 septembre.

Cela est corroboré, par ce que dit M. J. Favre devant la même commission :

« Nous venions de nous installer. Un exprès avait été envoyé au général Trochu, qui pénétra non sans peine jusqu'à nous. Il n'avait plus son uniforme, et, néanmoins, il venait se mettre à notre disposition. Son langage fut net et ferme : « Je vous demande, nous dit-il, la permission de vous poser une question préalable : Voulez-vous sauvegarder les trois principes : Dieu, la famille, la propriété, en me promettant qu'il ne sera rien fait contre eux ? » Nous lui en donnâmes l'assurance. A cette condition, reprit-il, je suis avec vous, pourvu toutefois que vous fassiez de moi le président du gouvernement...

La franchise de cette déclaration inattendue ne déplut à aucun de nous. Nous acceptâmes ces conditions, et il partit, une badine à la main, pour aller prendre possession du ministère de la guerre.

Les souvenirs de M. Jules Favre, vous le voyez, se concilient mal avec les souvenirs de M. le général Trochu.

M. Jules Favre vous a dit, d'ailleurs, que M. Trochu, pour lui, est parti de l'Hôtel-de-Ville, président du gouvernement.

Au ministère de la guerre, il vient dire qu'il arrive pour prendre possession du ministère. Il vient à cinq heures chez M. Palikao, qui a dit dans l'enquête : « Il désirait avoir mon opinion sur ce qu'il devait faire ; il ne me parla pas de sa rencontre avec M. Jules Favre, non plus que de ce qu'il avait fait dans la journée. »

A cinq heures, M. le général Trochu a pris possession du ministère de la guerre, et à cinq heures vingt, il envoie l'ordre à M. le général Vinoy de ramener ses troupes sur Paris ; c'est faire acte de ministre.

Ainsi, à une heure, il va au pont de Solferino ; il y voit Jules Favre, il lui serre la main ; il rentre au Louvre, il y attend des communications ; il les reçoit, il va à l'Hôtel-de-Ville, il prend la présidence du gouvernement, il va au ministère de la guerre, et de suite il donne un ordre à M. Vinoy. Voilà ce qu'il a fait le 4 septembre !

Il ne fallait pas rentrer au Louvre ! Il fallait aller partout ailleurs, au ministère de la guerre, avant d'avoir été à l'Hôtel-de-Ville.

Qu'il soit allé ensuite au ministère de la guerre, pour régulariser sa situation, c'est inadmissible, car, encore une fois, il était sorti de l'Hôtel-de-Ville président du gouvernement, et il n'avait plus rien à demander !

A ce moment encore le général Trochu pouvait jouer un grand rôle. L'Assemblée, représentant la nation, le pays, se réunissait le 4 septembre encore ; dans la soirée du 4 septembre, le Corps législatif a eu une séance ; pourquoi n'a-t-il pas protégé cette séance, dans laquelle M. J. Favre est venu jeter à la représentation nationale cette parole arogante : « Messieurs, vous êtes dissous ! »

M. J. Favre aurait-il pu le dire sans l'sssistance de M. le général Trochu ? C'était là une deuxième violation de l'Assemblée par ce comité insurrectionnel où le général Trochu siégeait à côté de M. Rochefort.

Et l'impératrice ? Vous savez ce qui se passait le 3 septembre dans la nuit. Le soir du 3 septembre, vous savez le désordre, les cris devant l'hôtel du gouverneur, les paroles dont le général Schmitz lui-même vous a entretenu! M. Chevreau va en ce moment chez l'impératrice ; il va ensuite chez le général pour lui demanner d'aller voir la souveraine, cette femme qui est anéantie. Le général ne peut y aller de suite, dit-il ; il promet pour plus tard.

Cette femme, lui dit M. Chevreau, il n'y a pas un coin de son cœur qui ne saigne ; allez la voir. « J'irai dans la soirée, dit le général. » Et le général Trochu ne paraît pas aux Tuileries ! Et M. Chevreau est accablé de tristesse de cette désertion. Celà annonçait déjà ce qui allait se passer le lendemain.

Mais ici encore nous cédons la parole à M. le général Trochu qui s'exprime ainsi devant la commission d'enquête du 18 mars :

Pendant que ces événements se passaient, l'impératrice avait quitté les Tuileries.

Le général Schmitz, que j'avais envoyé auprès d'elle, apprit son départ par le vice-amiral Jurien de la Gravière qui était resté au palais.

Les historiographes officiels, dont j'ai lu les récits à ce sujet, disent le plus ordinairement : « Les principaux fonctionnaires du gouvernement se pressaient autour de l'impératrice, en ce moment suprême, pour prendre congé d'elle ; seul le général Trochu ne parut pas. »

« Non, je ne parus pas ! je ne parus pas, parce que, au lieu d'aller offrir mes compliments de condoléance à l'Impératrice, j'allais, à cette heure-là même, défendre le Corps législatif, personnellement, par un effort que je savais devoir être impuissant, je le répète, mais que j'avais le devoir de tenter, après l'invitation que j'en avais reçu de l'un de ses questeurs, l'honorable général Lebreton.

L'impératrice savait le péril, et cependant rien n'avait été préparé pour sa fuite ; au moment fatal, elle suivit la longue galerie du Louvre ; on ouvre différentes portes devant elle et elle peut voir alors le torrent humain qui va envahir le palais ; elle est là attendant la voiture de hasard qui doit l'enlever de son palais !

Où était alors le général Trochu ? Il avait promis beaucoup. Qu'a-t-il fait ? Il avait promis de se faire tuer sur les marches des Tuileries. S'est-il fait tuer ? Ces promesses faites à celle qui avait la majesté du rang, les a-t-il tenues ?

Ah ! s'il ne paraît aux Tuileries, il paraît à l'Hôtel-de-Ville. Deux fois il passe devant les Tuileries, mais il ne fait que les côtoyer ! Le général Schmitz s'arrête devant les Tuileries, devant les grilles : que fait-il ? Rien. — Si, il a écrit à l'impératrice : « Je mets à votre disposition un capitaine de garde mobile en uniforme qui pourra vous être utile ! »

Le général Trochu passe en revenant devant les Tuileries ; il n'entre pas plus qu'en allant !

Il y a là cependant une femme qui l'attend ! il y a le sentiment de l'honneur qui le réclame à son devoir ! Peu importe le nom de cette femme, peu importe sa dynastie ! Cette femme, c'est une grande infortune, c'est un grand péril ! C'est une épouse éprouvée ! C'est un être trois fois sacré par le malheur ! Un seul homme pouvait la protéger, et, envers elle, ni promesses ni devoirs n'ont été accomplis ! C'est là un de ces abandons dont l'histoire garde le souvenir.

Un de ces passages si subits d'un camp dans un autre, pour lesquels la conscience publique est sévère et elle demandera des comptes au gouverneur de Paris pour l'empire, qui devient dans un jour gouverneur de Paris pour la République ! Ah ! qu'il eût mieux valu pour le général employer alors son courage et ses facultés sur le champ de bataille encore ouvert ! Revenons à ce gouvernement de Paris ! C'est là une transformation sans précédent ! ou plutôt si, il y en a un autre exemple; c'est celui du ministre du roi de Naples, Liborio Romano, qui lui aussi s'est levé ministre de l'intérieur pour le roi et s'est couché président du conseil des ministres pour Garibaldi ! L'histoire a déjà prononcé sur lui !

Vous savez ce qu'ils ont fait au pouvoir, ces hommes du 4 septembre ! A tout cela, ajoutez ce refus monstrueux de la paix proposée par l'ennemi !

M. Thiers revenait de sa tournée en Europe. Il arrive à Tours. Le ministre anglais l'avise que les deux belligérants acceptent l'armistice. A ce moment, l'impératrice elle-même fait voir M. Gambetta par un ministre plénipotentiaire d'un pays neutre pour qu'on se hâte, Metz est perdu ! fait-elle dire, traitez au plus vite, et M. Gambetta lui-même chargeait alors notre représentant à Londres de remercier l'impératrice de cette patriotique communication.

Après le 31 octobre, postérieurement à l'abandon de cette idée d'armistice, M. de Bismark fait des propositions nouvelles, on les repousse. Peut-on le nier,

Voici ce que M. Thiers racontait à l'évêque d'Orléans :

A son retour de Versailles, M. Thiers raconta tout au long dans les salons de l'évêché d'Orléans, les péripéties de ses négociations d'armistices les conditions possibles de la paix.

Voici les paroles qu'il mettait dans la bouche de M. de Bismark :

« Si Paris veut nous forcer à le prendre, nous resterons ici jusqu'à ce que la faim le réduise à capituler. Nous n'emploierons pas le bombardement, mais nous serons plus exigeants, nous demanderons 5 milliards, toute la Lorraine et toute l'Alsace. »

« Et, si nous traitions aujourd'hui, » demanda M. Thiers. « Nous ne réclamerions, répond M. de Bismark que deux milliards ; nous vous laisserions Metz ; vous nous donneriez derrière cette ville la Lorraine allemande ; vous garderiez la partie supérieure du Haut-Rhin ; vous céderiez Strasbourg et le reste de l'Alsace.

» Voilà la paix que je vous offre. J'aurai de la peine à décider le roi, mais je finirai par le convaincre. »

Devant l'Assemblée nationale, M. Thiers donnait des explications; il faisait entendre qu'on pouvait à cette époque obtenir des conditions bien plus avantageuses.

M. le général Trochu a dit à satiété que Paris est abandonné, qu'il doit se rendre. Le gouvernement connaît la situation et à ce moment ils ont refusé la paix ; ils pouvaient sauver une portion du territoire et ils n'ont pas fait la paix; ils pouvaient sauver 3 milliards et ils ne l'ont pas fait.

On vous parle du 31 octobre et de l'excitation révolutionnaire qui régnait à Paris à ce moment. M. Delpit a dit à la Chambre que la population de Paris était trompée par les déclarations du gouvernement. Le général Trochu ne peut se réfugier devant l'excitation qu'il avait fomentée.

La paix eût été faite comme elle devait l'être : on l'eût eu en perdant une province de moins et trois milliards de moins.

Au 6 décembre on pouvait encore faire la paix ; après les batailles de la Marne, M. de Moltke envoie un officier parlementaire, et l'on ne traite pas encore.

Eh bien! Messieurs, convenez que lorsqu'il s'agit d'événements aussi considérables, c'est à la conscience nationale seule qu'il appartient de prononcer et de dire si le général Trochu a été un homme bienfaisant ou pernicieux, s'il a démontré une haute capacité ou une haute présomption. Il faut qu'on puisse le discuter passionnément, violemment même, et puis, peu à peu, la vérité se dégagera et l'histoire se fera.

Ce qu'on vient vous demander aujourd'hui, c'est une chose impossible. On vient vous demander une lettre de crédit pour l'avenir; on vient vous demander de vous porter garants et solidaires des actes du général Trochu. Il veut se mettre derrière votre verdict comme dans une position retranchée où il serait invulnérable, ce qui ne serait pas juste, et mon client, que vous avez peut-être oublié (on rit) irait en prison pour avoir jeté dans cet immense débat un ou deux articles!

Ce ne serait pas juste, et je ne suis venu ici que pour concourir à une œuvre de justice. J'en suis convaincu, Messieurs les jurés, vous répondrez : Non, M. Vitu n'est pas coupable.

M. LE PRÉSIDENT. — Me Mathieu, vous avez la parole.

Me MATHIEU. — L'éloquente plaidoirie que vous venez d'entendre a épuisé la discussion. Que pourrais-je ajouter; résumer cette magnifique plaidoirie, mais ce serait l'affaiblir. Ce serait de l'amour-propre et de la témérité. Je m'associe de toutes mes forces à ce que vous venez d'entendre.

Me LACHAUD. — Je crois qu'il est dans l'intention des adversaires de répondre à l'éloquent discours de Me Grand-perret. Pour ne pas abuser des instants de MM. les jurés, je ne prendrai la parole qu'après l'éminent avocat de M. le général Trochu ou du général Trochu lui-même.

Me ALLOU. — Ce serait un grand honneur pour moi, ce serait une grande tentation de répondre à la plaidoirie de l'avocat de M. Vitu; mais il faut un terme à ces débats. La discussion ne peut s'achever, cependant, sans que le général Trochu prononce quelques paroles. Il s'est imposé une dure réserve. Il doit vous faire entendre sa parole d'homme d'honneur.

M. LE PRÉSIDENT. — M. le général Trochu, vous avez la parole.

M. le général TROCHU s'exprime en ces termes. — Messieurs, j'aurai quelque peine à retrouver mon procès au milieu de la longue et belle plaidoirie que vous venez d'entendre. Mon procès est beaucoup plus simple que le grand procès que vient de discuter Me Grandperret devant vous.

En voici toute la matière :

En vous l'exposant, je fais abstraction des outrages prodigués dans ces articles; et je ne vous parlerai ni de Troppmann, ni de Dumolard, ni de sycophante.

Je ne parlerai que du fond du procès, M. Vitu affirme dans un contraste intentionnel, ayant pour but et pour effet de rendre mon caractère odieux, il affirme, qu'aide de camp, en 1851, du maréchal Saint-Arnaud, j'ai été fauteur et complice du coup d'Etat, exécuteur complaisant des commissions mixtes, puis traître ensuite à l'empire et renversant de mes propres mains, dans une conspiration ténébreuse, l'édifice que j'avais aidé à élever. Enfin, il me reproche l'attentat, la tuerie de Buzenval, préméditée pour amener la population à traiter avec l'ennemi.

Voilà tout mon procès.

Me Grandperret s'est étonné qu'après avoir été, pendant la durée du siége, raillé, insulté, diffamé, j'aie tout d'un coup été surpris des diffamations et des outrages de M. Villemessant au point de sortir de la réserve et du silence où je me tiens renfermé.

Justiciable de l'opinion, je la laisse juger, espérant un avenir plus calme et moins passionné que le présent.

Mais je sors de ma retraite devant la diffamation de M. Vitu, parce qu'à la fin de ces deux abominables réquisitoires dirigés contre mon caractère et mon honneur, j'ai aperçu les noms de deux hommes dans le respect desquels j'ai vécu toute ma vie.

Je n'ai connu qu'assez tard les articles du *Figaro;* je n'ai pas de goût pour le *Figaro* et je ne le lis pas; par conséquent, j'en ai été informé, non par mes amis, ils se sont gardés de m'en parler, mais par la clameur publique. Des personnes qui m'étaient étrangères m'en ont averti.

Je les ai lus, et comme je partais pour la Bretagne, où m'appelaient mes affaires, j'allai de suite chez le maréchal Mac-Mahon et j'écrivis au général Changarnier.

J'ai dit à M. le maréchal Mac-Mahon : Venez, lisez. Voilà des propos qui me paraissent plus indignes de vous que de moi. On vous les attribue. Je ne vous fais pas l'injure d'y croire. On assure que vous avez dit à l'empereur, en parlant de moi : « Je crois que c''est un honnête homme, » le maréchal m'a répondu : mais j'ai dit à l'empereur : « Le général Trochu, j'en réponds corps pour corps. » Devant la commission d'enquête, on vous fait dire, maréchal : « Je le croyais un honnête homme. » Vous comprenez ce que cet imparfait : « je le croyais, » rapproché de : « je le crois, » a de blessant. »

M. le maréchal Mac-Mahon me dit : « Mon cher général, tout cela sera publié, et tout cela sera rectifié; ne vous inquiétez pas. »

J'espérais que M. le général Mac-Mahon répondrait immédiatement au *Figaro*. Le maréchal n'a pas cru devoir le faire; je ne le lui ai pas demandé, et nous nous sommes séparés.

J'ai écrit au général Changarnier, et la lettre qu'il m'a répondu pouvait me faire croire qu'il n'avait pas tenu ce propos.

M. le général Trochu donne lecture de cette lettre.

Aucune demande de rectification n'ayant été adressée au *Figaro*, le procès a dû être introduit.

Me Grandperret a paru être disposé à relever contre moi l'incertitude dans laquelle le général Changarnier s'est trouvé, ici, dans le prétoire, lorsqu'il s'est agi pour lui de se prononcer. Me Grandperret a voulu en tirer parti. Mais ça a été une des victoires les plus éclatantes que j'aie remportées dans ce débat. J'ai eu l'opinion que le général Changarnier avait tenu ce propos, et qu'il n'a pas voulu, moi présent, le confirmer. J'ai le droit de le dire, c'est une éclatante victoire pour moi.

Quoiqu'on dise de ma faconde et de mes aptitudes à parler et à écrire (on sourit), je sais très bien que je suis hors d'état de répondre à la magnifique déclamation de

Me Grandperret (sourires), mais je veux cependant y répondre avec ma conviction, avec mon cœur.

J'espère que, malgré mon manque d'habitude des débats dans l'enceinte même des Tribunaux, j'espère que quelques cœurs qui ne sont pas avec moi y viendront après m'avoir entendu (bravos).

Me Grandperret m'a étonné. Je sais cependant le rôle de l'avocat qui défend un prévenu ; il doit le défendre par tous les moyens, mais ne pas tenir compte des dépositions des témoins, ne pas en tenir compte systématiquement. (Dénégations de Me Grandperret.) J'avoue que ça m'a étouffé, et que je n'y étais pas prêt.

J'ai le droit de relever devant le jury, de relever devant l'histoire les calomnies et les mensonges accumulés à plaisir.

Pour ces calomnies, en première ligne, je parle de la garde nationale mobile de Paris; vous avez entendu ce qui a été écrit pour les besoins de la cause, ce qui se prépare depuis plusieurs mois ; il semblerait que la garde mobile de Paris ne fût qu'un ramassis de révolutionnaires, disposés à devenir une garde prétorienne. C'est un des mots de mes diffamateurs.

La garde mobile se composait de dix-huit bataillons; six de ces bataillons ont défendu les forts du Sud ; ils ont été appliqués à des missions spéciales sur le vaste périmètre jusqu'en avant du fort de Rosny. Ces six bataillons se sont toujours conduits très énergiquement et très courageusement. Voilà toujours six bataillons de sauvés. (On rit.)

Voyons les douze autres bataillons. Je les envoyai à Saint-Denis, où ils ont fait des travaux importants pour fermer la place. Ces travaux terminés, l'ivrognerie était devenue la grande difficulté de la défense, Il y a eu des accidents de discipline qu'il faut définir ; au point de vue de l'obéissance individuelle et de l'exécution des règlements militaires, jamais d'indiscipline séditieuse. Ils ont pu quelquefois être un embarras, jamais un péril. Ni le 31 octobre, ni le 22 janvier, ni dans aucun mouvement, jamais on n'a vu un groupe de gardes mobiles. Cette troupe n'a donc jamais été l'auxiliaire de la démagogie.

Vous vous rappelez le chef de bataillon Baroche.

M. Grandperret, sans le savoir, a dit que j'avais refusé au commandant Baroche l'honneur de figurer dans l'ordre du jour! L'affaire du Bourget a eu lieu contre mon ordre! Jamais quand on a fait de fautes graves, je ne m'en suis emparé contre ceux auxquels je commandais! Quand le désastre est venu, on m'a laissé ignorer l'étendue de ce qui s'était passé! A quelques jours de là, j'appris la mort de M. Baroche par suite de réclamations, et j'ai mis M. Baroche à l'ordre du jour.

Il y avait les bataillons de M. Piétri qui étaient bons; de M. Saillard, qui a contribué à la prise d'Epinay! Les bataillons commandés par M. d'Outremont, à Buzenval, ont été sous les ordres du général Berthauld et se sont bien conduits! Est-ce que la garde mobile répond au portrait qu'on en a fait? C'est un hommage du général en chef aux morts et un hommage aux survivants.

Mais on a calomnié la garde mobile, parce qu'on avait besoin de cette calomnie pour m'atteindre! Dans cette cause exclusivement politique, où il s'agit d'articles commandés, ainsi que vous l'a dit M. de Villemessant, j'ai vu reparaître les défiances, les bruits odieux dans toutes les bouches pendant le siége : l'état-major trahissait, disait-on, et à la tête des traîtres était M. Schmitz, qui pendant cinq mois a travaillé pendant quinze heures par jour, alors que moi-même j'étais à cheval pendant sept heures!

A la fin du siége, nous avons mangé 70,000 chevaux, notre pain ne contenait plus que 15 pour cent de blé, était inalibile, et formait l'éternel reproche des femmes du quartier qui me criaient : « Voilà le pain que tu nous fais manger! »

Les héros! les héros, trompettes de leur propre renommée, demandaient tous médailles et décorations! et j'ai vu un général en chef ayant voulu propager ses idées de service gratuit, finir par avoir ce sentiment qu'une grande nation humiliée, sanglante, ne pensait plus qu'à être décorée!

J'ai vu ces faits montrant que la virilité disparaissait, que la décadence était bien grande : je l'ai dit au pays, et j'avais le droit de le dire.

J'étais, vis-à-vis du général Schmitz, un débiteur. Je

lui avais offert la grand'croix de la Légion d'honneur : il refusa. A la fin du siége, je lui ai apporté un décret le nommant général de division. C'était de toute justice, car ses cadets étaient devenus divisionnaires.

Il a tout refusé !

« Je ne veux pas qu'on croie que je suis venu à Paris pour exploiter le siége, m'a-t-il dit. Je dois tout à l'empereur. »

Je suis heureux de manifester mon estime et ma reconnaissance à celui qui, si violemment attaqué, m'a tant secondé.

C'est un procès politique. J'apporte les témoignages les plus respectables et les plus honorables appartenant à toutes les opinions. Devant moi, témoin, témoin adjoint dans la foule, avocats, prévenus, tout cela est le dessus du panier orléaniste.

J'étais résolu a être modéré : La plaidoirie de Me Grandperret m'en a défié, et je resterai dans une modération accentuée.

M. LE PRÉSIDENT. — Général, adressez-vous à MM. les jurés, vous éviterez des interpellations.

Le général TROCHU. — Je suis inexpert de ces débats.

J'ai contre moi une meute (Mouvement) de journaux qui ayant rendu compte des témoins opposés, ont abrégé ou défiguré les témoignages de mes témoins. La déposition de M. Chabaud-Latour, par exemple, est tronquée.

L'Opinion nationale parle de cette affaire à propos du *Corsaire*..., dans des termes que je ne saurais tolérer !

M. Vitu veut intervenir, mais M. Trochu le prie de lui permettre de continuer sa discussion.

M. TROCHU. — Jusqu'au jour de l'ouverture des débats, *le Figaro*, reproduisant tous ses articles antérieurs contre moi, toutes ses railleries, en a fait une préface du procès ; c'est le caractère de la conspiration que je signale !

Ce que j'ai à dire augmente d'importance par la nature des inexactitudes que j'ai rencontrées dans la plaidoirie de Me Grandperret.

Me Grandperret établit que l'on m'a proposé le commandement de l'expédition de Chine, et il dit que, grâce à mon appétit particulier, j'ai demandé que des fonctions diplomatiques me fussent adjointes, et j'ai refusé ! Je pourrais répondre à cette petite calomnie par la lettre du ministre, signée du colonel Ribourt, dans laquelle il est dit que le commandant de l'expédition sera officier et diplomate.

Je vous dirai tout à l'heure pourquoi j'ai refusé ce grand commandement.

Comment et pourquoi ce procès ? Je ferai peu de politique, moins encore cependant que Me Grandperret, qui a dit qu'il n'en ferait pas du tout.

L'empire, en affirmant la paix, rassura évidemment les intérêts commerciaux. Le premier empereur, après la paix d'Amiens, affirme la paix ; le deuxième empereur dit à Bordeaux : « L'empire c'est la paix ! » Or, l'empire ne peut subsister que par le prestige des armes. C'est excellent pour gouverner tant que nous avons la victoire !

Mais, au jour de la défaite, la responsabilité est terrible. L'empire est alors frappé à mort. Il lui faut une victime pour supporter la responsabilité, et cette victime il la trouve toujours. C'est le général Dupont à Baylen, c'est le général Vandamme ; enfin, c'est le général Grouchy à Waterloo ! Tous innocents, et tous cependant sont responsables dans l'effervescence du premier moment. Ecoutez ce qui s'est passé de nos jours. M. le vice-amiral Jurien de la Gravière, que vous avez entendu, avait été envoyé d'abord pour résoudre le problème insoluble du Mexique. On lui avait donné trois mille hommes ; il lui en aurait fallu trente mille. Il voit la situation, et dès qu'il le peut, il signe le traité de la Soledad, qui permettait l'embarquement des troupes et donnait des satisfactions suffisaetes.

Les déclarations gouvernementales le désavouèrent. Le *Moniteur universel* inséra une note dans laquelle on lui reprochait d'avoir compromis le drapeau de son pays.

J'ai écrit alors à l'amiral et je lui ai dit que les événements lui donneraient raison; qu'il eût à être confiant dans son patriotisme !

Il a ma lettre, et je la lui aurais demandé si je ne savais que ces souvenirs lui sont particulièrement pénibles.

La guerre de 1870 est venue. L'insanité de cette guerre

au point de vue des alliances et de la préparation, n'a été égalée que par le décousu dans l'exécution !

En trois semaines, l'armée n'est point désorganisée, ni détruite, mais elle est enlevée : officiers, matériel, tout, l'empereur lui-même ! C'est un désastre sans précédent dans les annales militaires !

L'empire ainsi frappé a dû chercher qui pouvait porter le poids de la responsabilité ! Le choix était tout fait : j'avais fait des observations sous l'empire ! On me donnait tort dans le passé, on me donnait tort dans le présent !

L'empire était plein d'une haine contre moi que je n'ai pas pour lui !

Un premier ministre de l'empire est venu devant vous, et dans un langage dont la modération ne déguisait pas l'amertume, il m'a, sans le dire formellement, accusé d'être un traître ! Permettez-moi de faire un retour sur le passé. Voyez dans le *Journal officiel* du 17 juillet le discours de M. le président du Sénat à l'empereur ! Oui, il est patriotique, et M. Rouher pouvait se faire illusion, car il n'est pas soldat !

On n'a pas dit que j'étais intéressé. Puisque je vous dois tout mon dossier, permettez-moi de vous dire que sur mon traitement de gouverneur, qui était de 20,000 fr., je n'avais dépensé que 13,000 fr. J'ai reversé les 7,000 fr. de surplus au ministère des finances. Je puis dire que je suis le plus pauvre des généraux de l'armée française.

Le général Trochu rappelle ensuite l'incident de la revue de Satory en 1851, et le silence de la division de Neumayer, et la disgrâce qui s'en est suivie pour son beau-frère.

Je ne veux pas dire, ajoute le général, que l'empereur soit derrière mes persécuteurs, il a toujours été bienveillant pour moi.

Quand est venu l'empire, je m'y suis rallié loyalement en me promettant de lui dire la vérité, mais sans y faire d'opposition. De l'opposition, jamais je n'en ai fait ; je ne suis pas un homme d'opposition, je suis un homme de conviction.

Quand la guerre a été déclarée à la Prusse, le maréchal Lebœuf voulut me donner le commandement d'une armée des Pyrénées, comme si l'on pouvait craindre une intervention des Espagnols; ensuite on voulait me donner un commandement des troupes à envoyer dans la Baltique. Ce corps expéditionnaire, c'est une idée à laquelle j'ai toujours applaudi.

On pouvait ainsi soulever la révolution en Danemark, enlever les lignes de Duppel, et, pénétrant par le Hanovre, on posait ainsi à la Prusse un point d'interrogation de 80,000 hommes. Mais il n'y avait pas de corps d'armée dans la Baltique, et l'on me donna le commandement du 12e corps d'armée. J'allai au camp de Châlons.

M. le général Trochu revient sur la conférence du camp de Châlons et sur la discussion soulevée à l'occasion du retour des mobiles à Paris.

Puis il rend compte de sa conduite avant le 4 septembre et du 4 septembre.

Il déclare énergiquement que M. Busson-Billault s'est trompé lorsqu'il a cru le voir rue de Rivoli, traversant la rue de Castiglione à la tête des mobiles, l'acclamant et criant : Vive la République ! vive le général Trochu !

Ce fait, dit le général Trochu, est absolument faux et impossible.

A ce moment il n'y avait plus possibilité d'être en uniforme et à cheval rue de Rivoli.

Le général passe ensuite à la déposition de M. le général de Palikao, puis à la situation faite au pays par la dissolution de la Chambre.

Si vous n'appelez pas les troupes à vous, disait-on au général, elles n'iront pas à M. Jules Favre, et je crus devoir consulter le ministre de la guerre avant d'accepter les offres du gouvernement de l'Hôtel-de-Ville.

Le général de Palikao m'a approuvé, je lui ai parlé avec sollicitude de la mort de son fils aîné, dont la fausse nouvelle circulait. Voilà la vérité des faits; vérité évidente, si vous voulez retenir la lettre que m'a écrite le général Palikao deux jours après, de Namur, lettre où il me demande son traitement; mais il l'aurait eu, s'il n'avait pas été à l'étranger.

Un général à l'étranger ne peut toucher son traitement, la loi s'y oppose. Je dois dire que si le général fût revenu en France, le commandement de tout le Sud lui était destiné.

Vous parlerai-je de M. le comte de Meffray. Mais M. le comte de Meffray n'a jamais servi dans l'armée régulère. Je ne puis reconnaître un colonel comme lui.

M. Schneider a parlé des deux places au Corps législatif qui ont été occupées pendant la séance du 4 septembre; mais ces places, elles étaient pour mes officiers, qui en disposaient; lorsque la Chambre a été dissoute, ils sont venus me rejoindre et n'ont pu y arriver.

J'aborde, de toutes les déclarations, celle qui me révolte le plus, la plus fausse, la plus injuste, la plus indigne qui révèlerait un oubli complet des devoirs de ma situation.

On s'étonne avec éloquence que le gouverneur impérial de la veille se soit trouvé le lendemain le président d'un gouvernement républicain. Mais personne n'a publié la situation où l'on était alors. On savait que 200,000 Prussiens s'avançaient sur Paris, faisant mathématiquequement cinq lieues par jour.

Le 17 septembre, Paris devait être investi et il l'a été.

Voilà quel était le grand péril. Il fallait que Paris fût fermé quand l'ennemi se présenterait, il fallait que les hauteurs, les Hautes-Bruyères, Montretout, Châtillon fussent défendues, 100,000 bras y travaillaient, et l'on veut que par un sentiment de convenance je ne m'en occupasse pas, que je disparusse, j'aurais été coupable de désertion devant l'ennemi. (Bravos.)

Le crime qu'on me reproche n'aurait rien été auprès du crime qu'on me sollicitait de commettre. (Bravos.)

Je puis le dire aujourd'hui, puisque mon dossier vous a été révélé, sans vouloir me faire mon propre apologiste, je n'ai eu toute ma vie qu'un sentiment, qu'un idéal : c'est le devoir; on veut m'arracher l'honneur : on n'y parviendra pas.

On a parlé d'ambition, cette ambition cachée, vous avez vu comment elle s'est traduite, j'ai refusé les plus grandes positions de France, j'ai refusé des positions me conduisant au maréchalat. Quand l'Assemblée s'est réunie à Bordeaux, après la nomination de M. Thiers, M. Thiers m'entend, il peut dire si c'est vrai, on m'annonça que le chef du pouvoir exécutif voulait demander à l'Assemblée l'autorisation de m'élever au maréchalat.

Je repoussai cette proposition. Depuis plus d'un an, j'ai fait le vœu de servir gratuitement mon pays jusqu'à la fin de ma carrière, et quand viendra la discussion de la loi militaire, je proposerai d'ailleurs de renoncer au maréchalat pour les armées en campagne.

J'arrive à Paris. Il fallait me classer dans une catégorie d'opposants, et la Cour trouva bientôt que j'étais trop bourgeois pour être légitimiste, et on décida que je devais être orléaniste. Bien plus, j'étais le chef du parti des princes d'Orléans. J'aurais dû, me disaient mes amis, me disculper. J'aurais cru abaisser mon caractère en allant au devant de ces explications.

A l'heure qu'il est, ce serait peut-être le moment d'être orléaniste, eh bien, je n'ai jamais vu un prince ! je puis l'affirmer, et je n'en connais aucun.

Devant l'impératrice que j'ai trouvée pleine de courage et d'exaltation, épouvantée du retour de l'empereur dans cette nuit du 17 août, quelle épreuve! Elle me prend les deux poignets et me dit : « Faut-il rappeler les prin ces d'Orléans? » Ah ! j'ai senti la blessure! Elle me regardait comme l'instrument d'un complot dans ce sens, et elle a ajouté : « Les hommes qui ont conseillé à l'empereur de revenir à Paris sont ses ennemis. — Alors, lui ai-je dit, le prince Napoléon et moi nous sommes les ennemis de l'empereur, car nous lui avons donné ce conseil. »

Elle ne me répondit pas, elle en était convaincue.

Et la proclamation! Vous avez entendu le récit de M. Schmitz. Il vous a dit comment, dans le wagon, sur son observation, j'ai mis sur la proclamation le nom de l'empereur.

A Paris, je vais aux Tuileries, M. Piétri est là ; il lit une proclamation, et il la trouve bien.

L'impératrice me dit qu'il fallait, quant au nom de l'empereur, certaines réserves; je le compris, car la situation était violente, et le nom de l'empereur ne pouvait plus se prononcer.

Et alors, en sortant, je fais cette réflexion philosophique : « Dans quelle situation sommes-nous? Voilà l'impératrice qui trouve qu'il ne faut pas mettre le nom de l'empereur dans la proclamation! »

Et alors, M. Piétri se croisa les mains sur sa tête en signe de désespoir.

M. PIÉTRI s'avance vers la barre. — Je n'ai pas approuvé la proclamation; les souvenirs de M. le général Trochu le servent mal. Je n'ai jamais approuvé une proclamation où ne se trouvait pas le nom de Sa Majesté.

M. TROCHU. — Mais vous avez vu la proclamation alors qu'elle portait le nom de l'empereur, et vous l'avez approuvée. Je ne vous parle pas de la proclamation corrigée.

On a beaucoup parlé de ma théorie sur l'autorité morale.

Voici ce qui s'est passé au conseil des ministres :

M. Rouher me dit : « Mais, général, en cas de trouble, que comptez-vous faire ? » L'impératrice reprit : « Oui, général, que comptez-vous faire ? »

Je dis : quand l'armée française a été battue à ce point qu'il n'en reste plus que le 12e corps qui est en formation, il ne faut que s'adresser à l'autorité morale, avec elle, vous pouvez espérer encore de vous sauver.

Voilà la théorie de la force morale. Je ne l'invente pas, c'était la seule possible.

Dans les circonstances ordinaires, pour faire respecter la loi et le droit, se passer de la force, je ne dis pas cela bien certainement ; mais après Forbach et Reischoffen un combat est impossible pour défendre la loi, un combat sans combattants.

D'ailleurs, ce n'était pas moi qui gardais le Corps législatif; quand M. Schneider a déposé, j'ai bu du lait, comme dit M. de Villemessant. M. Schneider se présenta au général qui commandait, que lui dit ce général : Ah ! M. le président, comptez sur une chose, mes troupes n'agiront pas. Le général Caussade a exprimé là dans l'ordre des faits, ce que j'exposais dans l'ordre théorique.

Il n'y avait plus alors ni empereur ni République, il y avait le pays et le Prussien. Personne n'osera me contester. On ne songeait qu'à cela. Me voilà tout entier à mon œuvre, tous les matins à cheval, allant sur les travaux, surveillant les progrès de la clôture. Les Hautes-Bruyères ont été prêtes tout juste à temps ; Montretout et Châtillon ne l'étaient pas. Là était mon unique souci.

Le général de Palikao dit : « Le général Trochu était toujours sorti. » Je sortais pour le plus grand de mes devoirs. J'aidais le brave général Chabaud-Latour et tant d'autres.

A ce moment, nous avions 200 canons, nous étions à dix coups par pièce ; ils ont été portés à cinq cents et nous avions 2,000 pièces.

Nous manquions de tout, de serge pour faire les gargousses, nous en avons fait avec du papier.

J'étais toujours sorti comme un général, mais un général qui laisse chez lui un état-major pour recevoir les ordres s'il en arrive.

La vérité, la voilà, dans vos misérables défiances polisiques, vous croyiez voir en moi un orléaniste et chaque jour vous m'avez isolé, à ce point que, le 4 septembre, j'étais en état de séquestre ; je ne recevais plus d'ordres. Je ne prévoyais pas que ce fût une trahison.

On dit que j'ai trahi le 4 septembre ; j'ai été la victime de trahisons cauteleuses. On aurait dû me dire : « Général, vous ne commanderez que dans les forts, » j'aurais su à quoi m'en tenir ; mais au jour de la crise on a dit : « Il ne s'est pas fait tuer ; ai-je dit, avec cette mise en scène, avec mon chapeau sous le bras, et en trois mouvements et quatre révérences, je suis Breton, catholique et soldat, ai-je dit à l'impératrice ces paroles ; mais je les pensais et les pense encore.

Je l'ai servie avec la plus loyale fidélité. L'impératrice m'a diffamé sous sa signature ; mais je ne la diffamerai pas ; je la respecte, et je continuerai à la respecter ; je ne suivrai pas sur le terrain de la diffamation cette femme malheureuse.

Je n'en parlerai qu'avec respect.

Au retour des forts d'Issy et de Vanves, j'ai été sollicité par mon entourage de donner ma démission. J'ai hésité. Je me suis demandé comment je pouvais me présenter à ce moment à l'impératrice et lui dire : « Etant donnée la catastrophe de Sedan, je donne ma démission. » Je n'ai pas voulu jouer ce rôle-là ; j'ai vu l'impératrice le lendemain.

Je lui ai dit, voilà l'heure des grands périls. Nous allons faire comme nous pourrons ; l'impératrice m'a écouté d'une manière distraite. Quatre ou cinq personnes étaient autour d'elle qui sollicitaient son abdication; il y avait notamment M. de Lesseps. Je suis rentré, comprenant que les événements étaient au-dessus de toute puissance humaine. J'étais en uniforme, les chevaux étaient sellés; on dit que c'est moi qui ai trahi.

M. DE PALIKAO. — J'ai le droit de demander si c'est moi que vous accusez de trahison...

M. le général TROCHU. — Général, ne m'interronpez pas, je veux défendre mon honneur, je suis à la fin de ma carrière.

M. DE PALIKAO. — Je veux défendre le mien et je ne veux pas qu'on dise que j'ai trahi.

M. le général TROCHU. — Si ce n'est pas une trahison, c'est une erreur profonde.

Parlerai-je de la visite du général Lebreton?

Le général Lebreton entre; il entre de suite, sans attendre, comme on l'a écrit. Il me dit : « L'Assemblée va être envahie, les troupes n'apportent aucun obstacle; il vous appartient de faire un effort personnel.» Je lui ai répondu : « Vous croyez qu'un homme à cheval va pouvoir contenir les foules? Qui m'entendra? qui m'écoutera? »

Je lui dis : Je n'ai plus de troupe, pas de commandement; mais vous êtes questeur, vous avez le droit de me requérir. Je marche.

On dit : Il n'y avait pas de péril; mais qui a couru un péril ce jour-là! Se faire tuer! Oui, j'ai pu dire à l'impératrice : Si votre sûreté est menacée, je me ferai tuer devant vous pour sauver vos jours. Je me ferai tuer pour l'Assemblée et pour l'ordre. Ça a été le rôle de ma vie tout entière.

Le 4 septembre, il n'y a pas eu de révolution, il y a eu un effondrement universel, permettez-moi de le prouver à ceux qui n'y étaient pas. (On rit.)

Dans cette foule, il y avait des émeutiers, mais il y avait des gens à bon aspect, il y avait des enfants, des femmes, c'était un effondrement universel amené par l'angoisse de la population; tenez, à l'Assemblée, ils sont tous convaincus que la démagogie, pour le 31 octobre, avait préparé une vaste conspiration, ce qui a motivé le mouvement du 31 octobre.

C'est la nouvelle de la reddition de Metz et l'affaire du Bourget. Savez-vous ce qu'il y avait d'émeutiers sur la place de l'Hôtel-de-Ville? Douze à quinze cents. Or il y avait cent mille démagogues armés à Paris.

J'ai dit que, le 4 septembre, ce n'était pas une révolution, que c'était un effondrement inévitable.

On dit que j'ai trahi l'empire le 4 septembre au soir, mais il était trahi le matin, lisez la séance du Corps législatif. Le ministre de la guerre y présente un projet de loi ainsi conçu :

Art. 1er. — Un conseil de gouvernement et de défense nationale sera nommé par la majorité du Corps législatif. Du Corps législatif, entendez-vous ; il n'est pas parlé de l'empire.

Art. 2. — Les ministres sont nommés sous le contre-seing des membres du conseil. Ainsi l'impératrice n'existe plus.

Art. 3. Le général Palikao est nommé lieutenant général; le nom de l'impératrice a disparu complétement. Que peut-on m'opposer à cette prose accablante. Est-ce que j'accuse personne? C'était la conséquence obligée de nos désastres.

Le 4 septembre, il n'y avait plus de gouvernement.

M. le général Palikao veut dire quelques mots.

M. le général TROCHU. — Permettez, général, votre avocat répondra.

Me LACHAUD. — Ah ! permettez, M. le général Trochu, permettez de vous dire que je ne suis pas l'avocat d'un témoin. Je suis l'avocat de M. de Villemessant.

M. le général TROCHU. — Me Lachaud, je ne veux dire que ceci : M. le général Palikao a cru que je le mettais en cause, il m'a interpellé pour me dire qu'il a quelques explications à donner. Je ne puis admettre que ce que je dis soit ainsi scindé à chaque instant.

On trouve qu'à ce moment j'ai manqué d'égards pour l'impératrice, mais j'ai fait ce que je devais faire. Je me suis dirigé pour défendre le Corps législatif, et j'ai envoyé auprès d'elle un ancien officier, le général Schmitz.

Ma rencontre avec M. Jules Favre montre ma bonne foi; j'ai dit que c'était la première fois que je le voyais; et l'on me dit, mais M. Jules Favre avait été chez vous?

Croyez-vous que M. Favre soit venu conspirer dans mon cabinet! c'était une halle aux nouvelles, tout le monde y venait. Mme la maréchale Mac-Mahon m'a fait l'honneur de venir me voir.

C'était un mouvement continuel. Quand on veut conspirer, on s'enferme. M. Favre déclare que, dans cette entrevue, j'ai longtemps parlé. Mais de quoi? Des opérations militaires.

J'affirme que je n'ai jamais eu d'autre conversation avec d'autres personnes, et jamais de la vie je n'y ai parlé politique avec ces messieurs. Si j'avais conspiré avec M. Jules Favre, mais nous nous serions concertés pour ne pas tomber dans la contradiction, nous nous serions entendus, et je n'aurais pas dit que je n'avais pas encore vu M. Jules Favre avant le 4 septembre. Mon innocence est donc absolument évidente.

Messieurs, tout disparaît, emporté par cette tempête, le gouvernement, l'Assemblée, l'armée, l'administration, la police, et permettez-moi de vous arrêter sur la grandeur de ce désastre, sur la disparition de toutes les forces qui maintiennent l'ordre dans la cité.

La police ne s'est jamais reconstituée depuis ce jour, et, pendant le siége, nous n'avons jamais eu une force suffisante pour faire respecter la loi, le droit et les convenances.

Ne parlez donc pas de caricatures que je n'ai pas empêchées. Je vous l'ai dit : « Pas de police, mais ces caricatures ont-elles été plus ignobles que celles dirigées contre moi? »

On nous dit, chose incroyable, les chefs du mouvement du 31 octobre n'ont pas été arrêtés et fusillés.

Le lendemain matin, nous avons décrété l'arrestation des vingt-sept démagogues les plus connus.

M. Cresson, préfet de police, ne disposait plus des 11,000 hommes excellents de M. Piétri, ils étaient devant l'ennemi et y ont fait très-dignement leur devoir. M. Cresson, homme énergique, avait dans les huit ou dix jours du 31 octobre, arrêté treize de ces hommes là, les autres n'ont jamais pu être retrouvés. J'ai dit : « Si nous les livrons au Conseil de guerre, ils seront acquittés. Attendez. ils ont été jugés, et bien ils ont été acquittés; j'avais eu aussi les Conseils de guerre pour juger les pillages commis dans la banlieue. On était ou condamné ou acquitté; condamné, c'était la mort. C'étaient des Cours martiales, pas une Cour martiale n'a condamné.

Dans ces temps, personne n'a le cœur solidement attaché à sa place ordinaire; on manque de l'énergie qu'on rencontre dans les temps prospères.

Il n'y a eu qu'une exécution : un soldat de marine qu'on avait vu fuir avec armes et bagages du côté de l'ennemi; il a été tué. S'il avait été dans la politique, il n'aurait pas été tué du tout.

J'ai rempli gratuitement ces grands et pénibles devoirs; je les ai remplis, sachant où j'allais en faisant, le 4 septembre, le sacrifice que j'avais fait à Châlons; la démagogie allait installer la Commune ; j'ai voulu reconstituer l'autorité dans Paris; je me jette dans le gouffre. J'ai dit à mes officiers : Que ceux qui sont mariés me quittent; aucun ne m'a quitté, et je me suis jeté dans le gouffre.

Pendant le siége, je n'ai pas eu un journal avec moi. Mes honnêtes efforts, vous les avez raillés, c'est votre droit, je ne m'en plains pas. Aujourd'hui vous les outragez au profit d'une politique que j'ai servie, vous les outragez en mêlant à mon nom des noms que je ne puis y laisser.

Vous m'avez forcé à faire sortir du dossier de ma carrière publique des titres qui l'honorent, titres accumulés là depuis trente-sept ans, destinés à être inconnus, les voilà livrés au public, aux journaux.

J'y gagne ceci : les honnêtes gens de tous les pays sauront que je suis un des leurs. Quelle que soit l'issue de ces débats, une loi morale s'interpose entre M. de Villemessant, M. Vitu et moi.

On comparera nos dossiers...

M. l'avocat général vous a dit combien de fois M. de Villemessant a été condamné. Il a été condamné une fois pour outrage à la morale publique.

Je n'ai pas sauvé la France, mais je n'ai rien coûté.

M. Vitu n'a jamais été condamné, mais si l'on vent lire le journal *le Droit* du jeudi 2 octobre 1862, on verra qu'il a un commencement de poursuite. Je viens à l'affaire de Buzenval.

J'ai admiré le talent avec lequel M. Grandperret a exploité tout à la fois les deux sentiments, les deux formes de l'opinion publique, celle qui établit violemment que je faisais tuer trop, et celle qui disait que je ne faisais pas tuer assez.

Vous voulez que je vous raconte la bataille de Buzenval, la voici :

Il a fallu deux grands efforts. Il a fallu instruire les mobiles, et c'était difficile, n'étant pas casernés ; il a fallu ensuite constituer la garde nationale, choisir ce qu'il y avait de plus solide pour encadrer ces bataillons dans les troupes de ligne, idée à laquelle tous les généraux étaient opposés.

Moi j'étais convaincu que la garde nationale, une fois qu'elle aurait porté le sac et fait quelque marches serait une bonne troupe. C'était mon sentiment, je l'ai encore, c'est là que Clément Thomas, Montaigu et d'autres officiers ont montré tout leur dévouement; vers le 20 décembre. 90 à 96 bataillons étaient capables d'être introduits dans les rangs de l'infanterie.

Nous avons décidé de faire alors un grand effort dans les quatre premiers jours de janvier sur les hauteurs de Châtillon. La pensée d'enlever les hauteurs de Châtillon et de Meudon était un effort périlleux; mais s'il réussissait, il avait cet avantage qu'il portait nos troupes sur la route qui va à Satory, en tournant tous les ouvrages des Prussiens.

Cette affaire avait été nouée par un programme donné; les ordres donnés au général Vinoy ; mais l'avant veille du jour de ce grand effort le général Vinoy est venu me trouver, il m'a déclaré que les principaux chefs regardaient cette entreprise comme impossible; il fallait à ce moment un conseil de guerre, car l'état moral des esprits était assez abaissé pour qu'il fallût nécessairement se concerter. Je fis réunir un conseil de guerre au Louvre.

Sur vingt-sept généraux, un seul fut de mon avis. Ils disaient avec beaucoup de raison, cette entreprise serait heureuse si nous étions sûrs de réussir; mais si nous sommes repoussés, nous serons refoulés dans une vellée qui n'a que 1,200 mètres, et nous aurons là 180,000 hommes à demi portée du canon prussien. Dans une défaite, c'était très-effrayant ; je les invitai à exprimer le lieu où il convenait le mieux de livrer bataille. Le général Berthauld dit : « Si on veut attaquer Buzenval, avec le Mont-Valérien pour appuie, la retraite est assurée en cas d'insuccès. » La totalité des généraux présents se décidèrent pour Buzenval.

Il fallait alors retourner les préparatifs faits vers le Sud. Le choc qui devait avoir lieu le 5 janvier n'eut lieu que le 19.

Cette bataille a été très-bien préparée, elle était d'une exécution difficile; il fallait partir de nuit; il y a eu des chocs de troupes se rencontrant sur les chemins, mais enfin la troupe a très-bien donné, la garde nationale a parfaitement fait son devoir, on a dit que ça avait été une tuerie, oui, nous avons perdu là des hommes a jamais regrettables.

Mais le nombre des tués et des blessés est bien moins considérable qu'on ne le dit : il y a eu 2,700 hommes tués ou blessés. Il y en avait eu 8,000 à Villiers et à Champigny.

Nous n'avons donc pas eu ce sentiment ignoblement coupable d'avoir fait décimer la garde nationale pour que la population vînt nous demander de faire la paix. Il n'y a pas eu de tuerie, et la retraite s'est faite facilement.

Ce sont ces considérations judicieuses qui avaient conduit les officiers à préférer l'attaque de Buzenval à celle de Châtillon.

Si je ne craignais de me mettre en cause, je dirais que, dans cette bataille, des gardes nationaux, des mobiles bretons, ont pris et repris comme de vieilles troupes des hauteurs nécessaires au reste de l'armée.

On a fait là un grand et bel effort auquel la population de Paris s'est associée.

On a dit que nous étions sûrs d'être battus, Suffren disait : « Messieurs, s'il vous reste un coup de canon, tirez-le toujours, c'est peut-être celui qui tuera votre ennemi. »

Jamais je n'aurais voulu me rendre avant d'avoir tenté le dernier effort. Buzenval a été l'effort commun de la garde nationale et de l'armée.

Le gouvernement était furieux de bataille; on me sommait, après la bataille de Buzenval, de nous battre encore, la bataille torrentielle. Tous les citoyens voulaient sortir, et, le gouvernement de la défense au milieu, on aurait marché droit aux Prussiens.

Aujourd'hui, c'est si peu vraisemblable qu'on peut dire que c'était absurde; mais à ce moment, cela paraissait naturel; pour moi, l'effort de Buzenval devrait être le dernier, je le déclarai aux maires et au gouvernement. Alors les maires me dirent : « Donnez votre démission. » Ma démission, répondis-je, « mais c'est une lâcheté, destituez moi. »

Ce qu'ont dit les témoins et ce dont Me Grandperret n'a pas tenu compte, le gouvernement a délibéré et m'a remplacé par M. le général Vinoy. Je n'ai donc pas donné ma démission et je me suis révolté contre cette lâcheté, qu'on me prête, de dire à mes concitoyens : « Tirez-vous de l'affaire comme vous pourrez. »

J'ai terminé, messieurs, au moment où la guerre finissait, M. Dufaure, ministre de la justice, vint m'offrir une candidature à l'Assemblée, je fis insérer un avis dans les journaux, en motivant fermement ma résolution de sortir de la vie publique; la province n'avait pas reçu le mot d'ordre de Paris et dix départements me firent l'honneur de m'envoyer à l'Assemblée, je ne voulais pas accepter, car je sentais que ce mouvement de bienveillance ne durerait pas; plusieurs de mes camarades de l'armée m'ont dit : « Si vous rentrez dans la vie privée, vous ne pourrez participer aux travaux de réorganisation de l'armée.

Voilà pourquoi, dans six semaines ou deux mois, quand cette loi sera votée, je ne ferai plus partie de la Chambre. Je rentrerai dans la vie privée. J'y trouverai des devoirs à remplir, avec une situation précaire.

Quel que soit soit le jugement que vous rendrez, je rentrerai dans ma retraite avec cette sérénité qui accompagne les consciences tranquilles. (Applaudissements prolongés.)

M. l'avocat général MERVEILLEUX DUVIGNAUX. — Je dois, aux termes de la loi, reprendre la parole dans ces débats.

La cause du général Trochu m'a paru juste hier, je la crois juste aujourd'hui.

Je veux vous présenter une considération générale seulement.

La question se pose dans les termes les plus précis; il ne faut pas se méprendre sur la portée de ce procès.

Il faut mettre le doigt sur la question. Il ne s'agit plus de Buzenval, il ne s'agit plus de savoir s'il a eu des torts. Il a expliqué les faits, vous avez pu voir quelle a été la conduite du général; il ne s'agit plus de savoir s'il a été incapable, s'il a été plus ou moins traître, mais de savoir s'il est un menteur.

En présence des affirmations du général, j'ai le droit de dire que le général doit être cru.

M. Busson-Billault a dit qu'il avait vu le général, non pas prendre la route que tout le monde indique, mais s'en aller par la rue de Rivoli et par la rue de Castiglione.

J'ai le droit de vous dire, en présence de cette contradiction, que l'honorable témoin, M. Busson-Billault s'est trompé et que le général ne ment pas.

Peu d'hommes auraient consenti à faire ce procès sur place, à Paris, comme le général, devant un jury où quelques-uns sont intéressés, où quelques-uns peut-être ont été victimes de l'administration de son gouvernement.

Il est une autre considération qui ne vous échappera pas, s'il perdait, son procès aurait ce résultat injuste, c'est que des hommes auxquels on pourrait faire d'autres reproches et d'autres critiques, des hommes qui ont passé leur vie à détruire, resteraient impunis, tandis que lui, loyal militaire, serait seul traîné sur la claie.

Vous avez entendu les articles du *Figaro*, et je suis fâché qu'aujourd'hui M. de Villemessant ne reconnaisse pas qu'il les regrette, qu'il y a à y retrancher ces mots de Judas, ces mots de traître. Non, on ne peut s'associer à un pareil langage.

La cause du général, qui m'avait parue juste hier, me paraît plus juste encore aujourd'hui.

Me LACHAUD. — Il est six heures, monsieur le président; il est bien tard pour plaider.

M. LE PRÉSIDENT. — A demain, dix heures.

L'audience est levée à six heures un quart au milieu d'une vive émotion et renvoyée à demain, dix heures, pour entendre Me Lachaud.

Audience du 2 avril.

L'affluence est encore plus considérable qu'aux audiences précédentes. On sait que le verdict sera rendu aujourd'hui.

Aux abords de la Cour d'assises, une foule des plus compactes se presse, et cependant on sait que personne ne peut plus entrer à l'audience.

L'audience est ouverte à dix heures et demie.

M. LE PRÉSIDENT. — La parole est à Me Lachaud.

Me LACHAUD s'exprime en ces termes :

Je vais, messieurs, répondre à M. le général Trochu, et je veux le faire avec calme et avec mesure. J'oublierai ses provocations ardentes ; M. le général Trochu défend son honneur, il a un privilége qui n'appartient qu'à lui. D'ailleurs, les faits dominent les paroles, et quand j'aurai résumé encore une fois cette affaire, les preuves vous arriveront éclatante !

En assistant à ces débats, je me disais, il y a une expiation inévitable ; quand elle tarde à venir, entraîné par fatalité, ceux qui doivent la subir l'appellent et s'exposent aux plus grandes responsabilités.

Les hommes ont un compte à rendre à l'histoire, mais l'histoire est lente à se faire ; le général Trochu a voulu que cette époque de sa vie fût solennellement enregistrée, l'heure est donc venue, on va l'écrire ce livre pour la postérité !

Après la pladoirie de mon éminent confrère, Me Grandperret, j'ai peu de chose à dire, et à cette heure du débat je cherche plutôt à résumer qu'à autre chose.

Mais, d'abord, permettez-moi de répondre à une observation de M. l'avocat général qui m'a touché, il vous a dit : « Vous arrivez ici entourés d'excitation qui peuvent troubler vos consciences. » Et M. l'avocat général en a gémi !

Mais, monsieur l'avocat général, vous ne lisez donc que les journaux favorables à la défense? Vous ne lisez donc pas ceux qui nous accablent et qui nous outragent?

Oui, nos plaies sont saignantes; ah ! nous faisons, dites-vous, l'opinion contre le général Trochu. Ecoutez comment on écrit contre nous; nos témoins sont injuriés, outragés, diffamés de la façon la plus honteuse. Je passe les épithètes qu'on leur donne.

Je ne cite qu'une phrase : « J'écoutais, dit le journal, avec bonheur, avec volupté, les paroles de ces témoins; que peuvent-ils dire pour leur défense, ces misérables auteurs de nos calamités. »

Un autre journal honnête, écrit par des écrivains honorables, n'attaque pas seulement les prévenus, il attaque les défenseurs, et alors que nous disions à Me Allou : « Vous êtes un des plus beaux caractères et un des plus grands talents, » écoutez ce que dit ce journal honnête : « Mes deux confrères, ce sont des comparses! illustres comparses, et quant à l'avocat qui à l'honneur de parler devant vous, on dit : « Au fond, Me Lachaud méprise profondément ces braves gens, » c'est de vous qu'on parle, messieurs les jurés, « il les a trompés tant de fois, mais il est plein de déférence pour eux, » et il est regrettable, M. l'avocat général, que vous ne lisiez pas tout. Passons, passons.

Mais vous n'avez pas le droit de dire, monsieur l'avocat général, que ce sont nos amis qui seuls cherchent à troubler la justice du jury.

Arrivons au procès. Je plaide pour *le Figaro,* pour M. de Villemessant. Il est ici dans le procès, parce que, dans sa loyauté, il a voulu y rester. Il pouvait ne pas y être, Me Allou n'aurait peut-être pas été fâché de l'en écarter.

M. de Villemessant était à Nice; responsable, soit; mais comme il était là-bas, la prévention s'arrêtait devant cet éloignement. Il aurait pu dire : « Je suis resté étranger à cet article. » C'eût été un mensonge, il n'a pas voulu le faire; et tout le monde doit le reconnaître, la loyauté de parole de M. de Villemessant n'a jamais pu être suspectée. (Légers murmures.)

M. le président invite l'auditoire au silence.

Me LACHAUD. — Monsieur le président, je vous en prie, permettez aux murmures de se produire; s'il s'en produit encore, eh! tant pis pour ceux qui les font entendre. J'ai l'habitude des foules, moi aussi, et je saurai faire mon devoir.

M. Vitu est un homme considérable dans la presse. Il a, c'est vrai, perdu un procès de revendication de meubles : c'est là son dossier ! Passons.

Il a voulu attaquer M. Trochu. M. Villemessant lui a dit : « Faites, mettez le temps, j'imprimerai ! » M. Vitu a fait son œuvre; est-ce de la calomnie? Nous le verrons en parlant de la plaidoirie d'hier, qui a si souvent oublié l'affaire. M. Villemessant est resté à côté de celui qui avait écrit chez lui. M. de Villemessant a-t-il été condamné? Oui, pour les autres !

A-t-il été condamné pour outrage à la morale publique? Oui, pour l'article d'un autre, imprimé sans avoir été lu. Il n'a jamais pris de gérant postiche payé par la police correctionnelle! Il couvre sa marchandise. Si mon cher et honorable confrère a fait des allusions aux malices du *Figaro,* il m'a trop rappelé ces procès du *Figaro* contre quelque actrice mécontente. *Le Figaro* est courageux; il défend l'ordre, et son immense succès est la cause de la haine qu'il y a contre lui. Qui est plus brave dans les mauvais jours? Qui joue son journal et sa vie? Quelle est la première victime que veut immoler la démagogie quand elle prend ses ébats? Ces journaux amusent, mais ils sont braves. Oui, *le Figaro* a appris la charité et le patriotisme : voilà la génération qu'il a formée. Non, M. de Villemessant n'a pas perdu sa considération dans les procès de presse.

On a parlé de M. Schmitz! mais qui l'attaque? C'est un brave militaire. Il a eu contre lui des soupçons absurdes, mais qui en garde le souvenir !

Passons au procès du *Figaro* : ce ne sera pas le procès de l'empire ! Il est commode de laisser croire que l'empire est de ce côté de la barre. Il y a un procès s'adressant non à l'empire, mais à des actes ! Peu m'importe vos sentiments politiques ! Vous êtes d'honnêtes gens, respectant votre parole, ménageant le sang de vos compatriotes ! Que les témoins aient été fonctionnaires de l'empire, soient le dessus du panier bonapartiste, peu importe ! M. de Villemessant n'a jamais été bonapartiste. Le défenseur a des souvenirs au cœur, et ces sentiments, il les a gardés pour le malheur! mais il a le droit de dire qu'il n'a jamais appartenu à personne. Ecartons, pour arriver au procès, ce qu'a mis M. Trochu sur mon passage.

Nous ne plaidons pas plus ce procès que celui des généraux calomniés dont M. Trochu a parlé hier ! Je vais fixer mon procès : vous avez deux articles ardents à juger ! on n'écrit pas ces choses-là sans que le cœur bouillonne et que la main tremble. On a attaqué l'attitude de M. Trochu lors du 2 décembre : la fidélité de M. Troché vis-à-vis de l'impératrice, les motifs qui l'ont engagé à la bataille de Buzenval, et enfin ces mots, surtout relevés par M. l'avocat général et appelés des outrages!

Qui portera la responsabilité de la guerre de 1870? Tout le monde : Le gouvernement de l'empereur, le gouvernement du 4 septembre, la France entière ! (Murmures.) Oui, le peuple affolé criait à Berlin, l'avez-vous oublié ! Voilà peut-être ce que dira l'histoire : Mais ce n'est pas le procès.

Vous avez participé au 2 décembre ! M. Trochu a été un militaire brillant, un officier de premier ordre ! Ce procès a donné à son éminent avocat l'occasion de tresser au général Trochu des couronnes qu'il peut mériter : mais est-ce le débat ! Non, il se plaint de ce que vers le 2 décembre, il aurait prêté au gouvernement un concours qu'il lui avait d'abord refusé. Au 2 décembre, vous avez résisté, oui, mais ensuite, non.

Le coup d'Etat ne s'est pas fait en un jour, en quelques heures ! les gens de sens m'arrêteraient si je le disais. Eh bien ! nous avons dit que les résistances du général Trochu avaient cédé bien vite et qu'il n'avait pas tardé à profiter de cet acte. Oui, il proteste le 2 décembre; il met *non* sur le registre; mais, le 5 janvier, il a un poste de confiance chez le maréchal Saint-Arnaud ; il devient sous-directeur du personnel. Il a accepté par ordre, vous a-t-on dit, une situation administrative, de confiance, la direction morale et matérielle de tous les officiers de l'armée française ! Oui, par ordre, on obéit, mais jamais par ordre on n'est le confident d'un ministre du 2 décembre, quand on est hostile au 2 décembre !

M. le général Trochu a eu un avancement rapide, des faveurs insignes : mais est-ce que je m'en étonne ! Non; je veux constater que le général n'a pas été un martyr, et voilà tout. Vous pouviez avoir plus encore : vous avez refusé le commandement de l'expédition de Chine.

J'ai dit que l'empire avait été juste, que vous aviez été traité à votre juste valeur; voilà tout.

Ai-je à parler des commmissions mixtes? Elles ont été établies le 25 janvier; le décret est signé du ministre de la guerre, et vous étiez son confident, son confident depuis vingt jours !

A Châlons, que voyons-nous ! à Paris, que voyons-nous ! je ne parlerai que de ma cause. A Châlons, l'empereur le nomme gouverneur, comment et par quelle influence ! qu'importe ! est-ce l'empereur? est-ce le prince Napoléon? je ne retiens qu'une chose : il a reçu la plénitude des pouvoirs. Il avait une lettre de service lui donnant la disposition de toute l'armée de Paris. Il a voulu les mobiles, et on les lui a donnés. Hier, M. Trochu faisait l'éloge des mobiles ; mais il n'est pas seul à avoir cette haute estime de ces jeunes héros ! est-ce que tous nous ne les aimons pas? Est-ce que nos cœurs ne sont pas attendris?

Est-ce que hier, quand vous avez rappelé la mort du commandant Baroche, tous les cœurs n'ont pas battu ! De celui que vous aviez oublié de porter à l'ordre du jour par erreur ! Mais nous parlons des mobiles, parce que la discipline pouvait avoir à souffrir de leur présence ; parce qu'ils auraient été plus utiles devant l'ennemi que dans Paris ! Mais quand le maréchal vous dit que l'empereur ne désirait pas donner la mobile au général Trochu, il y a là une parole valant plus qu'un serment !

Vous êtes venu à Paris avec la garde mobile ! On vous a tout donné ! Toutes vos conditions ont été remplies ! Nous verrons si le 3 et le 4 septembre la force manquait à votre autorité.

Le général est conduit le 3 septembre auprès de l'impératrice par M. Henri Chevreau. Il est accueilli comme il devait l'être. Il y a un mot prêté à l'impératrice et qui est vrai : « Il faut rappeler les princes d'Orléans ! »

Ah ! c'était un piége ! à un pareil moment ! et pourquoi ? Parce qu'on vous croyait orléaniste. Est-ce qu'il y avait autre chose que la France à de pareils moments ? Je vous plains de n'avoir pas compris. Oui, l'impératrice avait toujours protesté contre la loi d'exil ; elle savait qu'il y avait encore sur la terre étrangère des hommes valeureux pouvant, voulant combattre pour la France, et l'impératrice voulait ouvrir les portes de la France à tous ses enfants.

Et puis après, la proclamation a été faite, et quand j'entendais hier les explications du général sur cette proclamation, je ne les trouvais pas bonnes. Le nom de l'empereur n'a pas été mis, par oubli, soit. Le général Schmitz lui a dit, mais il est nécessaire de l'indiquer le nom de l'empereur dans cette proclamation. A Paris, quand il était décidé que l'empereur ne devait pas y revenir, et que l'impératrice a dit alors d'effacer ce passage : « Je précède l'empereur de quelques heures, » n'était-il pas facile de mettre ce nom de l'empereur dans un autre passage, pour ne pas laisser planer un soupçon contre l'impératrice.

Je passe.

Le général Trochu a été mal accueilli, dit-il, par les ministres, il s'est vu en présence d'hommes publics qui n'avaient pas confiance en lui.

Il ne veut pas donner sa démission ; soit. Il pense qu'un général français doit rester au poste du devoir et du combat. Mais alors est-ce qu'il n'était pas tout-puissant ? Y avait-il une autorité égale à la sienne ? Pourquoi n'a-t-il pas réclamé ce pouvoir ? Pourquoi ne s'en est-il pas expliqué avec les ministres ? Pourquoi n'a-t-il pas dit : « Je suis avec vous, êtes-vous avec moi ? » A des moments pareils, le doute et l'incertitude sont-ils hostiles ?

M. le général Trochu a fait entendre ce mot : « Mais la trahison, c'est contre moi qu'elle a été faite ; » mais général, qui donc s'était engagé envers vous, qui vous avait fait serment de fidélité ?

Entrons au conseil des ministres; le général Trochu a-t-il réclamé? non, il avait toute l'autorité; s'est-il plaint, avait-il le droit de se plaindre?

Abordons la grande question. Le général Trochu a-t-il été fidèle à l'impératrice, au Corps législatif? C'est là qu'est le procès. Tout le reste va s'effacer devant ces deux griefs.

M. l'avocat général l'a bien compris; il n'a parlé que de ces deux faits : à l'impératrice, au Corps législatif, qu'avait-il promis et qu'a-t-il fait pour eux? Qu'est-ce que l'histoire doit dire de sa conduite? A moi, vous le voyez, on ne dira pas que je plaide autre chose que le procès.

Voyons les faits : A l'impératrice, il lui avait fait toutes les promesses de dévouement; en conseil des ministres, à deux reprises, il s'en est expliqué. A-t-il parlé de la malveillance des ministres?

Vous avez entendu tous les ministres; vous avez entendu les présidents du Sénat et du Corps législatif. Ils ne peuvent être suspectés dans leurs témoignages.

Hier, le général Trochu essayait de raconter les faits à sa manière; il disait : « J'ai répondu à l'impératrice, tout est fini, on ne se peut pas défendre. » Non, général, vous avez dit autre chose. On vous avait interrogé, général, sur une lettre que vous aviez écrite au *Temps*. M. Schneider a pris la parole et vous a demandé ce que vous feriez s'il fallait résister pour défendre la dynastie et le Corps législatif; vous avez répondu que vous feriez votre devoir. Et un ministre éminent : votre devoir, mais comment? et vous avez répondu : « Je me ferai tuer. » Ce sont là des mots qui s'enregistrent.

Est-ce une seule fois? Le lendemain ou le surlendemain, il n'y a pas eu une protestation plus énergique. Est-ce qu'il n'y a pas eu cette phrase stéréotypée : « Madame, je me ferai tuer pour vous sur les marches du Corps législatif, je me ferai tuer sur les marches des Tuileries? » Et avec cette vivacité d'expression dont vous avez eu la preuve hier, messieurs les jurés; le général a ajouté : « Oui, je suis soldat, catholique et Breton! »

Ces mots ont été dits. Le général ne les nie pas. Nul témoin ne les a entendus; mais vous ne direz pas que l'impératrice a menti.

Je ne parle pas de l'impératrice, de la souveraine : je parle de la femme. La dernière heure du gouvernement impérial a été une heure de gloire pour la femme qui le représentait (Applaudissements et murmures), et un concert d'éloges unanimes a entouré cette malheureuse femme. Que nos afflictions ne nous enlèvent pas ce qu'il y a de meilleur dans le caractère français : le respect pour la femme accablée !

Cette femme, pensant au pays seul, disait, rien pour l'empire, tout pour la France ; eh bien ! c'est cette femme qui parlait ainsi, à qui vous aviez promis fidélité, et que vous avez abandonnée !

Il y a deux faits : Un seul me suffirait, un seul, et il y en a deux.

Le 3 septembre au soir, on apprend le désastre de Sedan, l'armée est prisonnière, l'empereur est prisonnier. Vous avez entendu la déposition d'un homme de cœur, de M. Henri Chevreau. Il voyait l'anéantissement, il voyait la souveraine dont le cœur était brisé de tous côtés, et comme épouse et comme mère, y avait-il une douleur plus grande que la sienne! Vous ne la sauverez pas, soit; mais vous auriez dû lui montrer votre respect pour son malheur.

Eh bien, on va vous trouver, général. Le général est fatigué, il n'a pas dîné; il dit qu'il ne peut aller chez l'impératrice.

Le procès est là, messieurs, il est là tout entier.

Laissons les grands plans de bataille connus ou inconnus; mais enfin il y a là une femme respectable dans son malheur; vous n'aviez pas à sortir : il y a des communications entre le Louvre et les Tuileries, et vous n'allez pas la voir.

On a fait un appel à votre pitié et vous êtes resté sourd à cet appel; vous n'avez pas eu de pitié pour elle.

Est-ce là un fait que nous avions le droit d'examiner, messieurs. La réponse du général, la voici, il voulait donner sa démission, il était mal avec les ministres. Hélas, la politique domine donc bien le cœur !

Il y a là une femme désespérée, et vous ne lui porterez pas une parole de consolation. (Murmures d'approbation.)

Vous avez dîné, général, vous avez dormi, et vous avez laissé mourir une pauvre femme abandonnée. (Nouvelles marques d'approbation.)

Voilà la cause, messieurs, la voilà, elle est là palpitante dans le cœur de tous les braves gens.

Le lendemain, cependant, vous allez aux Tuileries; vous avez une conférence intime avec la souveraine, et, après cet entretien, quand elle a fait à M. Chevreau ce geste dont il a déposé; ce geste voulait dire non pas : « Tout est perdu, » mais il voulait dire : « Il ne faut pas compter sur le général Trochu. Nous n'étions pas là, ni Me Allou, ni moi; mais M. Chevreau y était, et il a bien compris le geste de l'impératrice.

Vous dites : « Mais je n'avais pas de commandement. » Et pendant six heures vous êtes resté à votre palais, vous n'avez pas songé à protéger la retraite de cette femme, à la faire respecter.

Nous allons voir ce que vous avez fait pour le Corps législatif, mais vis-à-vis de l'impératrice, j'ai le droit de le dire, il n'y a pas au monde un homme qui, vis-à-vis de l'impératrice, se serait conduit comme vous l'avez fait. (Applaudissements immédiatement réprimés).

Vos serments d'homme de cœur à la femme, à la femme qu'il faut respecter, les serments de l'homme puissant, fort, à la femme abandonnée, vous ne les avez pas tenus.

Aviez-vous le droit de dire au général ce que vous lui avez dit? L'histoire appréciera. Mais M. l'avocat général disait : « De ces faits, il ne restera pas de tache pour le général; mais il en restera une sorte de trace. » Oui, une trace ineffaçable!

Au Corps législatif, qu'a fait le général Trochu? Il vous a dit : « Le 4 septembre, ce n'était pas une révolution, c'était un effondrement. » Mais si l'empire s'en allait, le Corps législatif était encore là. Le général avait promis de défendre le Corps législatif. Il avait été avisé des périls que courait la représentation du pays, le 3 septembre, le 4 septembre. A cette dernière séance, M. le ministre de la guerre, général de Palikao, déclarait que le général Trochu était chargé comme lui de la surveillance et de la protection du Corps législatif.

Mais sans m'occuper de la force dont pouvait disposer le général, je m'occupe de ce qu'a fait le général personnellement.

Le 3 septembre au soir, il adresse à la foule ce discours : « On vous fera justice, à l'avenir le peuple sera armé ; » il a dit la garde nationale, soit; mais tout le monde était alors de la garde nationale.

Le 4 septembre au matin, il n'était pas possible de prévoir ce qui allait se passer. Chacun avait pu voir la foule se diriger vers le Corps législatif.

Quel était alors le devoir de l'homme populaire. Où devait-il être à cette heure ?

L'empire n'était plus possible, mais la nation vivait encore. La nation était-elle avec ces démocrates ardents et exaltés ? Non, elle était avec le Corps législatif tout entier.

On envoie chercher le général; il monte à cheval, il rencontre M. Jules Favre qu'il connaissait et qu'il avait vu. Je ne veux pas dire qu'il y a eu conciliabules; mais enfin, qui ne connaissait pas M. Jules Favre, M. Trochu a assisté souvent aux séances du Corps législatif.

M. le général TROCHU. — Jamais.

Me LACHAUD. — Permettez, monsieur le général, je vous ai écouté avec respect, écoutez-moi au moins en silence. Un homme politique, qui ne connaissait pas M. J. Favre (On rit); et d'ailleurs, est-ce que M. Charles Floquet n'a pas déclaré qu'en apercevant M. Jules Favre, le général Trochu s'était avancé et lui avait tendu la main.

Et le charmant M. Picard ? Il a été vu chez M. Trochu par M. d'Andelarre, qui le lui rappelle ; il est forcé de dire le reconnaître en faisant une pirouette et en disant : « Puisque vous le savez, il n'y a rien à vous cacher. (Vives dénégations du général Trochu.)

On dit au général que tout est fini ; il rentre au Louvre, il reçoit les émissaires et il va ensuite à l'Hôtel-de-Ville. Que pourrais-je faire en ce moment, vous a dit M. le général Trochu. Vous étiez gouverneur, il fallait être au Corps législatif. Il y avait un homme d'Etat qui vous y attendait sans doute, l'illustre M. Thiers et mon ami M. Grévy, dont je ne partage pas les opinions et qui, cependant, tous deux ont jugé le 4 septembre comme il doit être jugé. Ce qu'il fallait faire ; il fallait être le général de la France et non pas le général de l'insurrection ! (Applaudissements couverts par des murmures.)

Me LACHAUD. à Me Mathieu, qui s'agite.— Laissez faire, laissez dire, Me Mathieu : nous ne sommes plus ici dans une salle de justice : il y a des sifflets, peu importe; je dirai ici et ailleurs tout ce que j'ai à dire, et je continue :

Peu m'importe le titre que vous avez pris alors, président ou autre. Mais, quand vous voyez M. Palikao, parlez-vous de la révolution? Non. Vous avez été au ministère de la guerre pour en prendre possession. *Consummatum est!* Voilà comment on a été fidèle à l'impératrice ! voilà comment on a été fidèle au Corps législatif ! Et vous voulez qu'on ne s'étonne pas de ces improvisations de la conscience; que le sentiment de la pudeur publique ne s'exalte pas quand un homme, gouverneur de Paris le matin pour l'empire, est le président du gouvernement insurrectionnel le soir? Quand il n'y a entre ces deux fonctions que le temps nécessaire pour changer un uniforme contre un frac !

Ici, j'en appelle à tous ! Que ce soit l'empire ou autre gouvernement, peu importe ! Ce grand exemple de défaillance donné, une fois seulement dans ce siècle par Liborio Romano, dans une situation où il n'y avait également pas eu de bataille, dans une effervescence populaire, la conscience publique le jugera sans tarder ! Oui, un grand historien, un prand prélat, Mgr Dupanloup, a déjà stigmatisé la conduite de Liborio Romano !

M. TROCHU. — Et les Prussiens ?

Me LACHAUD. — On les défendait mieux avec M. Thiers qu'avec la défense nationale. De pareilles faiblesses doivent être signalées, surtout quand, après des fautes, on vient demander une complète absolution ! Quand un pareil homme se trompe, il n'a pas droit à l'indulgence. Quand Cicéron est accusé par César, il n'a qu'à répondre : « Je jure qu'à tel jour j'ai sauvé la République ! » Général Trochu, avez-vous sauvé la France !

Tout cela a mené à l'insuccès. C'était une héroïque folie dans laquelle il se jetait, — c'est son mot, — et M. Ernest Picard a dit que le général Trochu avait porté le deuil du siége de Paris avant de l'avoir entrepris.

M. TROCHU. — M. Ernest Picard est mon ennemi!

Me LACHAUD. — Jurés français! Pouvez-vous absoudre la conduite que je vous signale? Pouvez-vous dire qu'on a bien fait d'agir ainsi? Mais non. Je vous offenserais de vouloir vous le prouver. Or, ces faits, c'est la vérité!

Nous arrivons au siége. Vous avez entendu les témoins? Le 4 septembre a mis en désarroi tous les ateliers des fortifications, les 100.000 ouvriers de M. Chabaud-Latour disparaissent pour huit jours.

La paix, paix fatale, désastreuse, qu'il faut cependant savoir signer! Cette paix contre une bande de l'Alsace et 2 milliards, vous la refusez.

J'ai été à Paris pendant le siége, M. Vitu et M. de Villemessant également. A-t-on jamais vu pareille confusion, pareil désordre! Nos émotions sont encore vives. Vous rappelez-vous ces promesses incessantes, ces proclamations bavardes! Chaque bataille est un insuccès, chaque tentative un revers! Nous étions résignés aux souffrances matérielles; nous nous sommes même résignés à avoir confiance. De là ces articles du *Figaro*, il les fallait bien, car on était entre les scélérats et les gens du 4 septembre. Nous les subissions pour échapper aux incendiaires, mais aujourd'hui nous avons droit de leur demander des comptes.

On a pu subir le siége grâce à M. Clément Duvernois; car, du 4 septembre au jour de l'investissement, pas un grain de blé n'est entré dans Paris.

J'arrive à Buzenval, et je dis l'opinion qu'on en a. Les opérations militaires, vous savez comment elles ont été jugées. Vous ne voulez ni d'un capitaine, ni d'un journaliste. Voici M. Stoffel, l'acceptez-vous?

M. le général TROCHU. — Non.

Me LACHAUD. — Les gens du 4 septembre se sont cependant assez servi de lui contre l'empire. Vous vous rappelez ce qu'il a dit dans un passage qui vous a déjà été lu.

Et vous n'avez pas poursuivi M. Stoffel! et combien d'autres crient cependant à l'ineptie! et vous ne poursuivez pas!

Puis, quand tout vous paraît calme, vous demandez à ces jurés qui sont là devant vous une consultation pour votre histoire! Oui, M. Vitu a écrit l'histoire! où est l'intention mauvaise! sans laquelle il n'y a pas de délit.

Nos documents, dit M. l'avocat général, ont été choisis avec légèreté. Le mot est fâcheux, car je ne suis pas seul à ce banc.

M. L'AVOCAT GÉNÉRAL.— J'explique le mot de légèreté; je l'ai employé en parlant des documents employés par M. Vitu, et je n'ai pas parlé de ceux de la défense.

Me LACHAUD — Buzenval n'a-t-il pas été une bataille devant mener à la capitulation?

Le rapport de la commission d'enquête du 18 mars va répondre.

Oui, vous aviez la préoccupation de faire accepter la capitulation à Paris affolé, voulant une résistance à outrance, cette sortie à torrent dont on vous a parlé!

Est-ce que Buzenval ordonné pour ce but est une faute? un crime?

Si on a sacrifié des hommes à ce résultat impossible, comment qualifier cet acte?

Les généraux et les gouverneurs doivent maintenir la foule et ne pas se laisser mener par elle!

M. Laroche-Thulon, le rapporteur, résume tout ce qui est relatif à ce point, et il conclut que le général n'a jamais pu croire au succès de l'affaire de Buzenval. Que dois-je ajouter lorsque j'ai l'autorité de l'Assemblée nationale...

Me ALLOU. — Ce n'est pas l'Assemblée qui parle, mais le rapporteur d'une commission.

Me LACHAUD. — Vos vivacités me prouvent que vous sentez que j'ai raison.

De vifs murmures accueillent ces paroles.

Me LACHAUD. — Chaque chose a son enseignement, et ces interruptions me confirment dans mon opinion. Murmurez, vous me confirmez dans ma thèse.

M. LE PRÉSIDENT. — La défense est autant protégée qu'elle peut l'être.

Me LACHAUD. — A côté de votre bienveillance, monsieur le président, il y a des sentiments tout différents.

M. LE PRÉSIDENT. — Des manifestations sympathiques se sont fait entendre.

Me LACHAUD. — Oui, mais il y en a eu d'autres. Revenons au procès. Peu importe que l'avocat plaide mal, très-mal, s'il dit la vérité.

· On va discuter ce rapport, et la commission fait dire qu'on a livré une bataille à laquelle on ne croyait pas. Et une note dit encore plus : un membre du gouvernement de la défense nationale aurait demandé la bataille pour jeter 10,000 gardes nationaux par terre et faire une saignée!

M. TROCHU. — En quoi cela me regarde-t-il?

Me LACHAUD. — Et vous voulez que je discute Buzenval! Et vous voulez que je discute cette bataille où il y a eu tant de morts de qualité, comme vous a dit le général Trochu hier, comme s'il y avait des morts de qualité, et d'autres dont le sang serait moins pur! O vous victimes expiatoires chéries! O vous Regnault, au talent admiré! O vous tous qui êtes tombé, vous êtes morts, non pas pour vaincre, mais pour apprendre à Paris que le gouvernement de la défense nationale était incapable, et préférait verser le sang innocent plutôt que de dire la vérité!

Est-ce vrai? La preuve est-elle faite? Que reste-t-il? Les outrages? Dans un procès pareil, parler d'outrage? M. l'avocat général seul en a parlé! Voyez-vous les prévenus acquittés pour diffamation et condamnés pour outrage! Mais le triomphe serait encore plus grand! Quand on pense à la fidélité outragée, au sang innocent répandu, on serait calme! Non, on parle avec colère et non autrement!

Ces outrages, quels sont-ils?

Un mot du général Changarnier; mais il l'a dit : Ce grand talent, ce grand courage a de l'esprit!

Le mot du maréchal, sur lequel on a eu des discussions grammaticales, il a été dit : « Ce buste, chez Mme Tussaud, c'est un mot! »

Judas! Mais on a dit ce mot, il se trouve dans un livre que j'ai là.

M. TROCHU. — Dans le livre d'un ennemi.

Me LACHAUD. — Vos ennemis ont le droit de vous juger. (Murmures.) Vous n'avez qu'à leur demander l'impartialité.

Il est trop tôt pour juger le général Trochu, a dit

M. l'avocat général; mais c'est M. le général Trochu qui a fait le procès.

Il y a eu des fautes commises; il n'est pas le plus coupable, ni le seul coupable, vous a également dit M. l'avocat général.

Je m'attaque à lui parce qu'il est le chef parce qu'il est le plus haut placé; parce qu'il est plus engagé que d'autres, et parce que le général Trochu accepte cette responsabilité.

Prononcez; je m'assieds sans crainte!

Me Allou vous rappelait un mot de Demosthènes; dans le langage de ce grand orateur; il s'est placé avec lui sous la protection de la loi; est-ce bien à vous de parler de la loi! Qui a violé, brisé la loi le 4 septembre?

Qui peut embrasser les autels de la loi! Ah! n'en parlez pas!

Les reproches sont-ils établis? La fidélité a-t-elle été ce qu'elle devait être?

A-t-il été scrupuleux du devoir?

A-t-il été ménager du sang français?

Buzenval, est-ce une œuvre à respecter, ou bien une œuvre qu'il faille blâmer?

Vous jugerez le général Trochu avec douleur, mais vous le jugerez. Vous ferez l'histoire!

M. TROCHU. — Et mon honneur?

Après cette plaidoirie, M. le président demande à MM. de Villemessant et Vitu, s'ils n'ont rien à ajouter pour leur défense.

Les deux prévenus répondent négativement : M. le président résume les débats.

Il est midi; après ce résumé, M. le président donne à MM. les jurés lecture des questions auxquelles ils auront à répondre.

Ces questions sont celles qui résultent de l'arrêt de renvoi.

M. H. de Villemessant est-il coupable d'avoir, à Paris, en 1872, en publiant dans le journal *le Figaro*, dont il est le propriétaire-gérant, et dans les numéros portant la date des 23 et 27 janvier, lesquels ont été vendus ou distribués, mis en vente ou exposés dans des lieux publics, deux articles sous la rubrique : *Les Comptes du 4 septembre,* et sous le titre : *Le général Trochu.* Le premier article, commençant par ces mots : « 19 janvier 1872! anniversaire d'un jour de deuil, » et finissant par ceux-ci : « A demain l'homme politique! »

Et le second commençant par ces mots : « La révolution est une fille bien éhontée, » et finissant par ceux-ci : « Je le croyais un honnête homme! » commis le délit de diffamation envers le général Trochu, dépositaire de l'autorité publique, pour des actes relatifs à ses fonctions, en lui imputant des faits de nature à porter atteinte à son honneur et à sa considération?

M. de Villemessant est-il coupable de s'être, au même lieu et à la même époque, par la publication des écrits sus-relatés, lesquels ont été vendus ou distribués, mis en vente ou exposés dans des lieux publics, commis le délit d'outrage envers le général Trochu, dépositaire de l'autorité publique, à raison de ses fonctions ou de sa qualité, notamment dans les passages suivants desdits écrits :

« Le personnage que j'avais vu de près à Londres, dans le musée de cire de Mme Tussaud, entre Dumolard et Troppmann : c'était le général Trochu.

» La première sentence appartient à M. le général Changarnier : « C'est Tartufe coiffé du casque de » Mangin. »

» C'est le mot de M. le maréchal de Mac-Mahon devant la commission d'enquête : « Je le croyais un hon» nête homme. »

M. Vitu est-il coupable de s'être, au même lieu et à la même époque, rendu complice du délit de diffamation, ci-devant qualifié, en fournissant à M. de Villemessant les articles dont il s'agit, pour être publiés, et en l'aidant et assistant avec connaissance.

M. Vitu est-il coupable de s'être, au même lieu et à

la même époque, rendu complice du délit d'outrage ci-dessus spécifié en fournissant à M. de Villemessant les articles dont il s'agit, pour être publiés, et en l'aidant et assistant avec connaissance.

Le jury se retire dans la salle de ses délibérations, et l'audience est suspendue.

Pendant cette suspension, les conversations sont des plus vives dans l'auditoire. Des groupes se forment et chacun discute, apprécie et juge en attendant le verdict du jury.

A mesure que se prolonge la délibération du jury, elle a duré plus de deux heures, l'animation s'accroît. On fait des suppositions, on pense que le jury est divisé, qu'il admettra une partie de la plainte, qu'il en repoussera peut-être une autre partie.

Dans les galeries du Palais, la foule qui n'a pu pénétrer à l'audience se presse de plus en plus nombreuse pour saisir au passage quelque détail, quelque incident de l'audience; pour savoir au plus tôt le résultat de la délibération.

A trois heures un coup de sonnette se fait entendre, et chacun regagne sa place, MM. les jurés rentrent à l'audience et prennent place sur leurs siéges.

L'huissier audiencier annonce la Cour.

M. LE PRÉSIDENT. — Je crois devoir rappeler à l'auditoire que tout signe d'approbation ou d'improbation est formellement interdit. S'il s'en produisait, je serais obligé de faire rechercher les personnes qui se livreraient à ces manifestations coupables.

Monsieur le chef du jury, veuillez donner à la Cour connaissance de votre verdict.

M. LE CHEF DU JURY. — Sur mon honneur et ma conscience, la déclaration du jury est, sur toutes les questions relatives à la diffamation : « Non, M. de Villemessant n'est pas coupable; non, M. Vitu n'est pas coupable de complicité. »

Sur toutes les questions relatives aux outrages, la

réponse du jury est : « Oui, à la majorité, M. de Villemessant est coupable ; oui, à la majorité, M. Vitu est coupable de complicité. »

Le verdict est muet sur les circonstances atténuantes.

M. l'avocat général requiert l'application des art. 6 de la loi du 25 mars 1822, 59 et 60 du Code pénal, 20 de la loi du 27 juillet 1819, 9 de la loi du 22 juillet 1867.

MM. de Villemessant et Vitu déclarent n'avoir rien à dire sur l'application de la peine.

On remarque que M. le général Trochu a quitté l'audience.

La Cour se retire pour en délibérer en chambre du conseil.

Les colloques reprennent leur cours, et les appréciations les plus diverses sont échangées sur le verdict du jury et sur sa portée.

Après vingt minutes de délibération, la Cour est annoncée.

M. le président prononce un arrêt ainsi conçu :

La Cour, après en avoir délibéré,

Vu la déclaration du jury portant qu'Hippolyte Delaunay de Villemessant s'est rendu coupable en 1872, à Paris, d'outrage envers le général Trochu, dépositaire de l'autorité publique, à raison de ces fonctions, en publiant dans les numéros des 23 et 27 janvier 1872, deux articles contenant les passages suivants :

« Le personnage que j'avais vu de près à Londres, dans le musée de cire de Mme Tussaud entre Dumolard et Troppmann, c'était le général Trochu. »

« La première sentence appartient à M. le général Changarnier : « C'est Tartufe coiffé du casque de Mangin. »

« C'est le mot de M. le maréchal de Mac-Mahon devant la commission d'enquête : « Je le croyais un honnête homme. »

Considérant qu'il résulte aussi de la déclaration du

jury qu'Auguste Vitu s'est rendu complice desdits délits, en fournissant à de Villemessant les articles dont il s'agit, pour être publiés, et en l'aidant, avec connaissance, dans les faits qui constituent l'outrage envers le général Trochu.

Considérant que le fait reconnu constant à la charge de de Villemessant et de Vitu est prévu et réprimé par l'art. 6 de la loi du 25 mars 1822 et par les art. 59 et 60 du Code pénal ;

Vu lesdits articles, qui sont ainsi conçus :

« Art. 6 de la loi du 25 mars 1822. — L'outrage fait publiquement d'une manière quelconque, à raison de leurs fonctions ou de leur qualité, soit à un ou plusieurs membres de l'une des deux Chambres, soit à un fonctionnaire public... sera puni d'un emprisonnement de quinze jours à deux ans et d'une amende de 100 fr. à 4,000 fr. »

» Art. 59 du Code pénal.— Les complices d'un crime ou d'un délit seront punis de la même peine que les auteurs mêmes de ce crime ou de ce délit... »

Vu l'art. 26 de la loi du 26 mai 1819, portant : « Tout arrêt de condamnation contre les auteurs ou complices des crimes et délits commis par voie de publication, ordonnera la suppression ou la destruction des objets saisis... L'impression ou l'affiche de l'arrêt pourront être ordonnées aux frais du condamné. Ces arrêts seront rendus publics dans la même forme que les jugements portant déclaration d'absence. »

Vu l'art. 9 de la loi du 22 juillet 1867, qui fixe la durée de la contrainte par corps.

Faisant application desdites dispositions ;

Condamne de Villemessant et Vitu en un mois d'emprisonnement et 3,000 fr. d'amende ;

Les condamne solidairement aux frais du procès.

Fixe à une année la durée de la contrainte par corps.

Ordonne que le présent arrêt sera inséré, aux frais

des condamés, dans les journaux judiciaires *le Droit* et *la Gazette des Tribunaux*.

M. le président avertit ensuite M. de Villemessant et M. Vitu qu'ils ont vingt-quatre heures pour se pourvoir en cassation.

La foule se retire lentement, et c'est à grand'peine que les gardiens peuvent lui faire faire un passage à travers les flots de curieux qui ont envahi les galeries environnant la Cour d'assises.

Les verdicts du jury ne sont pas motivés comme les jugements et arrêts des Tribunaux et des Cours. *Oui* ou *non*, voilà ce que doit répondre le jury. La loi s'en rapporte à son honneur et à sa conscience; juge souverain, il statue, sans avoir à rendre compte à qui que ce soit des motifs qui l'ont déterminé, il juge avec impartialité et sans passion.

A ce qu'il a dit s'attache l'autorité de la chose jugée, *pro veritate habetur*.

Dans d'autres pays, où l'on entend mieux la liberté que chez nous, la presse, l'opinion publique s'emparent des décisions du jury; aussitôt qu'elles sont rendues, les commentent, les louent ou les critiquent; chacun à sa guise, chacun suivant sa passion déclare qu'il eût jugé de même, ou bien autrement.

Il est heureux qu'il n'en soit pas ainsi chez nous, et que ces débats aient enfin un terme.

Chacun s'inclinera chez nous devant le verdict du jury; mais plus d'une personne se demandera, et c'est le droit de tous, quelle est au juste sa signification.

Le jury, en acquittant MM. de Villemessant et Vitu du chef de diffamation qui leur était reproché, entend-il dire que ce que ces messieurs ont écrit et publié n'est que l'exacte vérité; que, par conséquent, M. le général Trochu, le complice du coup d'Etat, le membre des commissions mixtes a trahi ensuite l'impératrice et l'empire; que, par conséquent, il a lancé les bataillons de la garde nationale sur Montretout et Buzenval, sachant qu'il les envoyait à une boucherie inutile, alors que la capitulation était déjà résolue?

Ce verdict reconnaît-il que le général Trochu est coupable de trahison et d'assassinat, et qu'on a eu le droit de le lui dire, mais qu'on a eu tort de l'outrager!

Est-ce une demi-satisfaction donnée à chacun? Est-ce un refus de bill d'indemnité au président du gouvernement de la défense nationale? Est-ce une consolation qui lui est accordée?

Nul n'a le droit de le dire, nul n'a le droit de le rechercher que dans sa conscience. Ce que décide le jury c'est que le général Trochu n'a pas été diffamé par MM. de Villemessant et Vitu, mais qu'il a été outragé par eux.

En l'accusant de trahison et d'assassinat, MM. de Villemessant et Vitu, ne se sont rendus coupables d'aucun délit, mais ils l'ont outragée en le faisant figurer parmi les assassins du musée Tussaud, ils l'ont outragé en l'appelant « Judas » vendant son maître pour treize deniers et en disant qu'avant le 4 septembre le maréchal Mac-Mahon le croyait un honnête homme, et en écrivant c'est Tartufe coiffé du casque de Mangin.

N'y a-t-il pas comme une sorte de contradiction entre les réponses du jury : On a pu dire au général Trochu qu'il avait trahi et on n'a pu l'appeler du nom d'un traître. On a pu lui dire qu'il avait commis un assassinat à Buzenval, et on n'a pu le compter parmi les assassins?

En commençant le compte rendu de ce procès, nous disions : peut-être le général Trochu eût-il été mieux inspiré en ne portant pas plainte.

Le général Trochu voulait lui aussi faire sa confession tout entière au pays, il voulait, dès à présent, fournir une page à l'histoire.

A l'histoire, il appartient de recueillir cette page; à

elle seule il appartiendra un jour de parler et de décider en dernier ressort de ces événements encore si près de nous, encore si palpitants.

Le résultat des longs débats de la Cour d'assises ressemble à plus d'une bataille que chacun des combattants dit avoir gagnée et célèbre par des *Te Deum*. Mais ces victoires entre Français, qu'elles sont tristes, qu'elles sont amères !

www.ingramcontent.com/pod-product-compliance
Lightning Source LLC
Chambersburg PA
CBHW060543210326
41519CB00014B/3322

* 9 7 8 2 0 1 4 4 7 3 2 8 5 *